KB085625

✏️ 다음 낱말이 사용된 상황을 보고, 초성에 알맞은 낱말을 써넣어 짧은 글을 완성하세요.

오늘의 어휘

- **건의**(建 세울 건, 議 의논할 의): 개인이나 단체가 의견이나 희망을 내놓음.
- **경청**(傾 기울 경, 聽 들을 청)**하다**: 귀를 기울여 듣다.
- **공감**(共 함께 공, 感 느낄 감)**하다**: 남의 감정, 의견, 주장 등에 대하여 자기도 그렇다고 느끼다.
  - 비슷한말 동감하다
- **면담**(面 낯 면, 談 말씀 담): 서로 만나서 이야기함.
- **전달**(傳 전할 전, 達 통할 달)**하다**: 물건, 말, 내용이나 뜻 등을 다른 사람에게 전하여 이르게 하다.
- **의사소통**(意 뜻 의, 思 생각 사, 疏 트일 소, 通 통할 통): 가지고 있는 생각이나 뜻이 서로 통함.

📝 짧은 글짓기

❶ 엄마가 친구와 싸워 슬픈 내 마음을 [ㄱ][ㄱ] 해 주셨습니다.

❷ 서로 의견이 너무 달라서 [ㅇ][ㅅ][ㅅ][ㅌ] 이 잘되지 않았습니다.

❸ 수업 시간에 선생님의 말씀을 [ㄱ][ㅊ] 했더니 시험에서 백 점을 받았습니다.

1 다음 낱말의 뜻을 **보기** 에서 찾아 기호를 쓰세요.

어휘
확인

보기

ㄱ 귀를 기울여 듣다.
ㄴ 서로 만나서 이야기함.
ㄷ 가지고 있는 생각이나 뜻이 서로 통함.
ㄹ 물건, 말, 내용이나 뜻 등을 다른 사람에게 전하여 이르게 하다.

(1) 면담 ········ (   )   (2) 경청하다 ··· (   )

(3) 의사소통 ··· (   )   (4) 전달하다 ··· (   )

2 다음 낱말의 뜻으로 알맞은 것을 찾아 ○표 하세요.

어휘
확인

건의

(1) 행동이나 태도를 분명하게 정함.   (   )

(2) 개인이나 단체가 의견이나 희망을 내놓음.   (   )

공감하다

(1) 자기와 관계가 없는 일에 끼어들어 나서거나 말하다.   (   )

(2) 남의 감정, 의견, 주장 등에 대하여 자기도 그렇다고 느끼다.

(   )

3 다음 중 밑줄 친 낱말을 알맞게 사용한 친구에게 모두 ○표 하세요.

어휘
적용

운동장에 쓰레기통을
놓자고 <u>건의</u>를 해야겠어.

(   )

우리 가족은
휴대 전화 대화방에서
<u>의사소통</u>을 해.

(   )

친구가 발표할 때
<u>경청</u>했더니 발표 내용을
하나도 모르겠어.

(   )

4 다음 낱말이 들어갈 문장을 찾아 선으로 이으세요.

어휘
적용

(1) 전달 •

• ㉮ 아버지께서 담임 선생님과 (   )을 하러 학교에 오셨다.

(2) 면담 •

• ㉯ 발표할 때에는 또박또박 말해야 내 생각을 잘 (   )할 수 있다.

5 다음 대화의 밑줄 친 낱말과 뜻이 비슷한 낱말은 무엇인가요? (   )

어휘
확장

소희: 교실에서 자리를 정할 때 친한 친구랑 같이 앉으면 좋겠어.
선경: 나도 네 말에 공감해. 친구끼리 짝을 하면 학교생활이 더 즐거울 거야.

① 실감해   ② 섭섭해   ③ 반대해
④ 동감해   ⑤ 감동해

관용 표현

6 다음 글의 내용에 어울리는 한자 성어를 찾아 ○표 하세요.

　　공감하는 대화란 상대의 마음을 이해하고 상대의 기분을 헤아려 말하는 대화이다. 그런데 내 마음과 달리 다른 사람의 마음은 쉽게 알 수 없다. 이럴 때에는 상대의 입장이 되어 보자. 친구가 나에게 속상한 일을 이야기할 때 '내가 그 친구라면 기분이 어떨까?', '내가 그런 일을 겪었다면 어땠을까?'를 생각해 보면 공감하는 대화를 나눌 수 있다.

(1) 유명무실(有名無實): 이름만 그럴듯하고 실속은 없음.　　　　　　　(　　　)

(2) 역지사지(易地思之): 서로의 입장을 바꾸어서 생각해 봄.　　　　　　(　　　)

(3) 반신반의(半信半疑): 얼마쯤 믿으면서도 한편으로는 의심함.　　　　(　　　)

독해로
어휘 마무리

오늘의
나의 실력은?

최고야   좋았어   힘내자

1주 1일
정답확인

[7~8] 다음 기사문을 읽고, 물음에 답하세요.

"안전한 놀이터를 만들어 주세요"

샛별초등학교 학생들 시청 방문해 건의

지난 5일 샛별초등학교 학생들이 △△시청을 **방문했다**. 학생들은 김○○ 시장을 만나 안전한 놀이터를 만들어 달라는 **건의** 사항을 (㉠   ). 샛별동은 △△시의 다른 동보다 어린이가 많이 살고 있지만 놀이터와 공원이 **부족하다**. 학생들은 "좁은 골목에서는 마음껏 뛰어놀 수 없어요.", "길에서 놀다가 교통사고를 당할 뻔했어요."라고 놀이터가 필요한 이유를 말했다.

학생들의 이야기를 (㉡   ) 김○○ 시장은 어린이의 안전이 가장 중요하다며 어린이들이 마음 놓고 뛰어놀 수 있는 놀이터를 만들겠다고 약속했다. △△시는 내년 봄까지 샛별동에 어린이 공원과 놀이터를 만들 예정이다. 이날 시청을 방문한 박미래 학생은 "시장님께서 우리 말에 고개를 끄덕이며 **공감해** 주셨다. 빨리 넓은 놀이터가 생겨서 친구들과 재미있게 놀고 싶다."라고 말했다.

- 강아름 기자

✦ **방문했다**: 어떤 사람이나 장소를 찾아가서 만나거나 보았다.
✦ **부족하다**: 필요한 양이나 기준에 모자라거나 넉넉하지 않다.

7 샛별초등학교 학생들이 △△시청을 방문한 까닭은 무엇인가요? (   )

① 시장님께 감사 인사를 전하려고
② 시청에서 하는 일을 알아보려고
③ 안전한 놀이터를 만들어 달라고 건의하려고
④ 공원의 낡은 시설을 고쳐 달라고 부탁하려고
⑤ 샛별초등학교에 놀이터가 없다는 것을 알리려고

8 ㉠, ㉡에 들어갈 낱말이 모두 알맞은 것에 ○표 하세요.

(1) ㉠: 면담했다, ㉡: 시청한 … (   )
(2) ㉠: 전달했다, ㉡: 경청한 … (   )
(3) ㉠: 경청했다, ㉡: 설명한 … (   )

의사소통과 관련된 말 ②

✏️ 다음 낱말의 뜻을 보고, 밑줄 친 낱말을 알맞게 사용한 친구에게 모두 ○표 하세요.

낭독(朗 밝을 낭, 讀 읽을 독)

우리 아기는 아래 발치에서 쿄올쿄올

글을 소리 내어 읽음.
비슷한말 낭송
반대말 묵독
㉠ 시의 장면을 떠올리며 시 낭독을 했다.

문자(文 글월 문, 字 글자 자)

말의 소리나 뜻을 눈으로 볼 수 있도록 적은 기호 체계.
비슷한말 글자
㉠ 우리나라에서 사용하는 문자의 이름은 한글이다.

요약(要 중요할 요, 約 맺을 약)하다

말이나 글에서 중요한 내용만을 뽑아 간추리다.
비슷한말 간추리다
㉠ 옛이야기 내용을 요약해서 동생에게 들려주었다.

이해(理 다스릴 이, 解 풀 해)하다

깨달아 알다. 또는 잘 알아서 받아들이다.
㉠ 책을 여러 번 읽으니 내용을 이해할 수 있었다.

상상(想 생각 상, 像 모양 상)하다

실제로 없거나 경험하지 않은 것에 대하여 마음속으로 그려 보다.
㉠ 내가 외계인을 만나는 것을 상상하니 무척 신났다.

정독(精 찧을 정, 讀 읽을 독)하다

뜻을 새겨 가며 자세히 읽다.
㉠ 민호는 좋아하는 책을 정독했다.

소리를 내지 않고 책 낭독을 했어.

( )

중국에서 사용하는 문자는 한자야.

( )

책을 정독하면 내용을 더 잘 기억할 수 있어.

( )

1 다음 낱말의 뜻에 알맞은 말을 찾아 ○표 하세요.

어휘
확인

(1) 낭독　　글을 (마음속으로, 소리 내어) 읽음.

(2) 정독하다　　뜻을 새겨 가며 (대충, 자세히) 읽다.

(3) 요약하다　　말이나 글에서 (중요한, 재미있는) 내용만을 뽑아 간추리다.

(4) 문자　　(말, 글)의 소리나 뜻을 눈으로 볼 수 있도록 적은 기호 체계.

2 다음 문장에 어울리는 낱말을 보기 에서 찾아 빈칸에 쓰세요.

어휘
적용

─────────── 보기 ───────────
상상, 이해, 정독

(1) 나는 가끔 어른이 된 내 모습을 (　　　　　　　)해 본다.

(2) 동물을 좋아하는 정윤이는 고양이에 대한 책을 여러 번 (　　　　　　　)했다.

(3) 선생님께서는 학생들이 (　　　　　　　)할 수 있도록 어려운 내용을 쉽게 설명해
　　주셨다.

3 다음 문장에 어울리는 낱말을 찾아 ○표 하세요.

어휘
적용

(1) 또랑또랑한 목소리로 시 (낭독 / 정독)을 했다.

(2) 독서 감상문에 책 내용을 (상상 / 요약)하여 썼다.

4 다음 글에서 뜻이 비슷한 낱말 두 개를 찾아 쓰세요.

어휘
확장

> 한글은 요즘과 같은 디지털 시대에 사용하기 좋은 문자이다. 컴퓨터나 스마트폰의 한글 자판으로 누구나 쉽고 빠르게 글자를 입력할 수 있다.

(,   )

5 다음 대화의 빈칸에 들어갈 알맞은 낱말은 무엇인가요? (   )

어휘
확장

> <국어 숙제>
> 이야기를 읽고 내용 요약하기
>
> 민우: 오늘 국어 숙제가 뭐였더라?
> 윤재: 이야기의 내용을 (   )야.

① 외우기   ② 바꾸기   ③ 상상하기
④ 이해하기   ⑤ 간추리기

관용 표현

6 다음 글을 읽고, 밑줄 친 속담을 알맞게 사용한 문장에 ○표 하세요.

> 낫은 곡식이나 나무, 풀 등을 베는 데 쓰는 농기구로 기역 자 모양으로 생겼다. '낫 놓고 기역 자도 모른다'는 속담은 기역 자 모양으로 생긴 낫을 보면서도 기역 자를 모른다는 뜻으로, 아주 무식함을 이르는 말이다. 한글 자음자에서 첫 번째 **문자**인 기역 자도 모르니 글을 읽지 못하고 아는 것이 없다는 뜻이 담겨 있다.

▲ 낫

(1) 낫 놓고 기역 자도 모르는 농부는 자기 이름도 못 쓴다.   (   )

(2) 낫 놓고 기역 자도 모른다고 하필 체육 대회 하는 날 비가 왔다.   (   )

(3) 낫 놓고 기역 자도 모른다더니 지갑이 바로 발밑에 떨어져 있었다.   (   )

독해로
어휘 마무리

오늘의
나의 실력은?

최고야   좋았어   힘내자

1주 2일
정답확인

[7~8] 다음 전기문을 읽고, 물음에 답하세요.

우리나라가 일본에 나라를 빼앗겼던 시절, 박두성은 시각 장애인이 다니는 맹아 학교 선생님이었어요. 박두성은 눈이 보이지 않는 아이들이 제대로 배우지 못하는 것을 마음 아파했어요.

"들을 수 있게 (㉠   )을 해 주지 않으면 이 아이들은 책 내용을 **이해할** 수 없구나. 시각 장애인도 글을 읽고 쓸 수 있도록 한글 점자를 만들어야겠다."

점자란 시각 장애인이 손끝으로 만져서 읽는 (㉡   )예요. 두꺼운 종이 위에 볼록 튀어나온 점으로 글자를 나타내요. 그 당시 영어와 일본어 점자는 있었지만 우리말 점자는 없었어요. 박두성은 세종 대왕이 한글을 만든 원리에 따라 점자를 만들기로 결심했어요. 1926년, 오랜 노력과 연구 끝에 마침내 6개의 점으로 이루어진 한글 점자 '훈맹정음'이 탄생했어요.

그 뒤 박두성은 훈맹정음으로 점자책을 만들었어요. 지식을 쌓는 책부터 이야기책까지 다양한 점자책을 찍어 냈어요. 이제 시각 장애인들은 스스로 공부할 수 있게 되었어요. 박두성은 시각 장애인에게 밝은 세상을 향한 문을 열어 주었어요.

◆ **맹아:** 눈먼 아이.
◆ **원리:** 사물의 근본이 되는 이치.

7 ㉠, ㉡에 들어갈 알맞은 낱말을 [보기]에서 찾아 쓰세요.

[보기]
그림, 낭독, 독서, 문자

(1) ㉠: (   )   (2) ㉡: (   )

8 '훈맹정음'에 대해 알맞게 말한 것을 모두 고르세요. (,   ,   )

① 6개의 점으로 이루어진 한글 점자이다.
② 박두성이 시각 장애인을 위해 만들었다.
③ 시각 장애인이 읽는 점자책의 제목이다.
④ 세종 대왕이 한글을 만든 원리를 따랐다.
⑤ 영어와 일본어 점자보다 먼저 만들어졌다.

의사소통과 관련된 말 ❸

✏️ 다음 낱말이 사용된 상황을 보고, 뜻에 맞는 낱말을 써넣어 사전을 완성하세요.

어휘 사전

❶ | ㄱ | ㅇ | (槪 대개 개, 要 중요할 요)
: 전체 내용 중에서 주요 내용을 뽑아서 간추린 것.

❷ | ㄱ | ㄱ | ㅈ | (客 손님 객, 觀 볼 관, 的 과녁 적): 자기 혼자만의 생각이나 감정에서 벗어나, 있는 그대로 보거나 생각하는 것. **반대말** 주관적

❸ | ㄱ | ㅊ | ㅈ | (具 갖출 구, 體 몸 체, 的 과녁 적): 실제적이고 자세한 부분까지 담고 있는 것.

❹ | ㅂ | ㅈ | (否 아닐 부, 定 정할 정)**하다**
: 그렇지 않다고 딱 잘라 생각하거나 옳지 않다고 반대하다.
반대말 긍정하다

❺ | ㅈ | ㅅ | (作 지을 작, 成 이룰 성)**하다**
: 서류나 원고, 계획서 등을 만들다.

❻ | ㅌ | ㄷ | (妥 온당할 타, 當 마땅할 당)**하다**
: 이치에 맞아 옳다.

1 다음 낱말의 뜻에 알맞게 선으로 이으세요.

어휘
확인

(1) 개요 • • ㉮ 서류나 원고, 계획서 등을 만들다.

(2) 부정하다 • • ㉯ 전체 내용 중에서 주요 내용을 뽑아서 간추린 것.

(3) 작성하다 • • ㉰ 그렇지 않다고 딱 잘라 생각하거나 옳지 않다고 반대하다.

2 다음 밑줄 친 낱말의 뜻에 알맞은 말을 찾아 ○표 하세요.

어휘
확인

(1) 언니가 용돈을 올려 달라고 하자 아빠는 <u>타당한</u> 이유를 말하라고 하셨다.

➡ 이치에 맞아 (옳은, 옳지 않은).

(2) 경험한 일을 글로 쓰려고 최근 겪은 일을 <u>구체적</u>으로 떠올려 보았다.

➡ 실제적이고 (자세한, 상상한) 부분까지 담고 있는 것.

3 다음 중 밑줄 친 낱말을 알맞게 사용한 친구에게 모두 ○표 하세요.

어휘
적용

형이랑 블록을 쌓아 멋진 로봇을 <u>작성했어</u>.

무턱대고 글을 쓰지 말고 먼저 글의 <u>개요</u>를 짜야 해.

<u>객관적</u>으로 2반 친구들이 축구를 더 잘하지만, 시합에서 우리 반이 이기면 좋겠어.

(   )

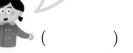
(   )

(   )

4 다음 글의 밑줄 친 낱말과 뜻이 반대인 낱말은 무엇인지 쓰세요.

어휘
확장

> 마을에 황 영감이 금덩이를 주웠다는 소문이 돌았다. 하지만 황 영감은 소문을 계속 <u>부정했다</u>.

(   )

5 다음 글의 밑줄 친 낱말과 뜻이 반대인 낱말은 무엇인가요? (   )

어휘
확장

> 기사문은 실제 일어난 사건을 사람들에게 알려 주는 글이므로 <u>객관적</u>이어야 합니다. 기자는 자신만의 생각이나 느낌으로 기사문을 작성하지 않습니다. 사건에 대해 보고 들은 그대로 정확하게 전달합니다.

① 규칙적   ② 대표적   ③ 이기적

④ 적극적   ⑤ 주관적

관용 표현

6 다음 글에서 밑줄 친 한자 성어의 뜻으로 알맞은 것에 ○표 하세요.

> 오늘 국어 시간에 글쓰기를 했다. 선생님께서 글에 쓸 내용과 순서를 정해 먼저 **개요**를 **작성하라고** 하셨다. 하지만 나는 그냥 떠오르는 대로 글을 썼다. 집에서 언니가 내 글을 읽더니 무슨 말을 하는 건지 잘 모르겠다고 했다. 음식을 골고루 먹자고 했다가, 점심시간에 놀았던 일을 썼다가, 생일 선물 이야기를 썼다가 <u>횡설수설</u>이라고 했다.

(1) 한 가지 일을 하여 두 가지 이익을 얻음.   (   )

(2) 완전하여 아무런 모자람이나 결점이 없음.   (   )

(3) 앞뒤가 맞지 않게 이러쿵저러쿵 말을 늘어놓음.   (   )

독해로
어휘 마무리

오늘의
나의 실력은?

최고야

좋았어   힘내자

1주 3일
정답확인

[7~8] 다음 글을 읽고, 물음에 답하세요.

요즘은◆누리 소통망에 글을 많이 쓴다. 누리 소통망은 여러 사람과 의사소통하는 즐거움을 주고 유익한 정보도 준다. 하지만 때로는 누리 소통망 때문에 피해를 보는 일이 생긴다.

얼마 전 누리 소통망에 학교 앞 문구점을 욕하는 글이 올라왔다. 그 문구점의 학용품이 품질이 안 좋고 주인아저씨가 무척 불친절하다는 내용이었다. 이 글은 학생들 사이에 퍼져서 그 문구점에 가지 말자는 댓글이 줄을 이었다. 그런데 며칠 뒤 또 다른 글이 올라왔다. 글쓴이는 문구점의 학용품 중 무엇이 품질이 안 좋은지, 주인아저씨가 어떻게 불친절했는지 (㉠) 말해 달라고 했다. 그래야 **객관적**으로 판단해서 그 문구점에 갈지 말지 결정할 수 있다고 했다. 처음에 글을 쓴 사람은 자기는 더 이상 할 말이 없다는 글만 남겼다. 결국◆애꿎은 문구점만 피해를 본 것이다.

나는 이 일을 겪고 두 가지를 깨달았다. 누리 소통망에 올라온 글을 무조건 믿지 말고 내용이 **타당한지** 따져야 한다는 것이다. 그리고 어떤 일에 대해 전달할 때는 내 기분대로 꾸며서 글을 쓰면 안 되고 사실을 바탕으로 글을 써야 한다는 것이다. 누리 소통망에 **작성한** 글은 많은 사람이 보고 쉽게 퍼진다. 그러므로 주의를 기울여 사실대로 쓰도록 하자.

◆**누리 소통망:** 온라인에서 사람들과 이야기하고 서로 친해질 수 있도록 하는 서비스.

◆**애꿎은:** 아무런 잘못 없이 억울한.

7 ㉠에 들어갈 말로 알맞은 것을 모두 고르세요. (,   )

① 꾸며서   ② 자세하게   ③ 재미있게

④ 구체적으로   ⑤ 주관적으로

8 이 글의 글쓴이가 깨달은 것은 무엇인가요? (   )

① 누리 소통망에 댓글을 달지 않아야 한다.

② 누리 소통망에 올라온 글은 모두 믿어도 된다.

③ 누리 소통망으로 사람들과 의사소통하면 안 된다.

④ 누리 소통망에 글을 쓸 때에는 꾸며서 쓰는 것이 좋다.

⑤ 누리 소통망에 올라온 글은 내용이 타당한지 따져야 한다.

의사소통과 관련된 말 ④

✏️ 다음 낱말의 뜻을 보고, 초성에 알맞은 말을 써넣으세요.

오늘의 어휘

- **주장**(主 주인 주, 張 베풀 장): 자기의 생각이나 의견을 굳게 내세움.

  모양이 같은 말 주장: 운동 경기에서, 팀을 대표하는 선수.

- **근거**(根 뿌리 근, 據 의거할 거): 어떤 주장이나 의견이 옳음을 뒷받침하는 까닭.

- **다수결**(多 많을 다, 數 셀 수, 決 결정할 결): 회의에서 많은 사람의 의견에 따라 결정하는 일.

- **거수**(擧 들 거, 手 손 수): 손을 위로 들어 올림.

- **의논**(議 의논할 의, 論 논의할 논)**하다**: 어떤 일에 대하여 서로 의견을 주고받다.

  비슷한말 논의하다, 상의하다

- **절차**(節 마디 절, 次 버금 차): 일을 치르는 데 거쳐야 하는 순서나 방법.

1 다음 낱말의 뜻풀이에 들어갈 알맞은 말을 **보기** 에서 찾아 쓰세요.

어휘
확인

보기

손, 까닭, 순서, 의견

(1) 거수: (   )을/를 위로 들어 올림.

(2) 절차: 일을 치르는 데 거쳐야 하는 (   )(이)나 방법.

(3) 근거: 어떤 주장이나 의견이 옳음을 뒷받침하는 (   ).

(4) 의논하다: 어떤 일에 대하여 서로 (   )을/를 주고받다.

2 다음 낱말의 뜻으로 알맞은 것을 찾아 ○표 하세요.

어휘
확인

주장
(1) 자기의 생각이나 의견을 굳게 내세움.   (   )
(2) 어떤 것에 대하여 남이 잘 이해할 수 있도록 말함.   (   )

다수결
(1) 한 무리에서 절반이 넘는 수.   (   )
(2) 회의에서 많은 사람의 의견에 따라 결정하는 일.   (   )

3 다음 중 밑줄 친 낱말을 알맞게 사용하지 <u>못한</u> 문장은 무엇인가요? (   )

어휘
적용

① 사회자가 회의 <u>절차</u>에 따라 학급 회의를 진행했다.

② 두 사람은 서로 손을 내밀어 반갑게 <u>거수</u>를 나누었다.

③ 의견을 말할 때에는 알맞은 <u>근거</u>를 함께 말해야 한다.

④ 삼 형제는 어버이날 부모님께 어떤 선물을 드릴지 <u>의논했다</u>.

⑤ <u>다수결</u>에 따라 가장 많은 표를 받은 우재가 우리 반 회장으로 뽑혔다.

4 다음 대화의 밑줄 친 낱말과 뜻이 비슷한 낱말을 모두 고르세요. (,   )

어휘
확장

> 경원: 3학년이 되니 공부가 어려워서 점점 더 하기 싫어.
> 미나: 그 문제는 선생님과 <u>의논해</u> 보면 좋을 것 같아.

① 계획해　　　　　② 논의해　　　　　③ 상의해
④ 선택해　　　　　⑤ 협동해

5 다음 문장에 쓰인 '주장'의 뜻을 찾아 알맞게 선으로 이으세요.

어휘
확장

(1) | 송희의 <u>주장</u>은 점심시간을 한 시간으로 늘리자는 것이다. | ・

・㉮ | 운동 경기에서, 팀을 대표하는 선수.

(2) | 홍 선수는 이번 경기에서 축구 대표 팀의 <u>주장</u>을 맡았다. | ・

・㉯ | 자기의 생각이나 의견을 굳게 내세움.

관용 표현

6 다음 글의 빈칸에 들어갈 관용어로 알맞은 것에 ○표 하세요.

승호네 교실에는 재활용 쓰레기 분리수거함이 있습니다. 그런데 아이들이 쓰레기를 제대로 버리지 않아 분리수거함에 쓰레기가 뒤죽박죽 섞여 있을 때가 많았습니다. 선생님께서는 아이들에게 이 문제에 대해 **의논해** 보라고 하셨습니다. 승호네 반 아이들은 (　　　　　　　　) 함께 문제를 해결할 방법을 찾아보았습니다.

(1) 머리를 흔들고: 강한 거부 표현을 하거나 싫어서 진저리를 치고. 　　　 (　　　　)

(2) 머리에 쥐가 나고: 싫고 두려운 상황에서 의욕이나 생각이 없어지고. 　　 (　　　　)

(3) 머리를 맞대고: 어떤 일을 의논하거나 결정하기 위해 서로 마주 대하고. 　 (　　　　)

[7~8] 다음 일기를 읽고, 물음에 답하세요.

20○○년 3월 2일 토요일	날씨: 흐리고 쌀쌀함.

저녁에 가족회의를 했다. 우리 집 가족회의는 **의논할** 일이 있으면 열린다. 오늘은 '강아지 키우기'가 회의 주제였다. 누나는 강아지 키우기에 찬성했다. 강아지와 함께하면 집안에 웃음꽃이 피어 가족이 더 화목해질 거라고 ㉠절차를 댔다. 엄마는

"강아지 돌보는 일이 얼마나 어려운지 아니? 노력할 준비가 되어 있지 않으면 데려올 수 없어."

라고 반대하셨다. 아빠가 ㉡선거를 해서 **다수결**로 정하자고 하셨다. 우리 가족은 할머니까지 다섯 명이다. 그러니 찬성이 세 명이면 강아지를 키울 수 있다.

"강아지 키우기에 찬성하는 사람은 손을 들어 주세요."

누나와 나는 손을 번쩍 들었다. 나는 할머니와 아빠를 보면서 속으로 '제발, 제발!'을 외쳤다. 그때 할머니께서 빙그레 웃으며 손을 드셨다. 나랑 누나는 기뻐서 소리를 질렀다.

엄마는 강아지를 데려오기 전에 온 가족이 함께 공부하고 준비해야 한다고 말씀하셨다. 누나와 나는 강아지에 대해 열심히 공부하고 준비해서 강아지를 잘 돌보겠다고 약속했다.

귀여운 강아지 동생이 생긴다니! 너무 좋아서 가슴이 콩닥콩닥 뛰었다.

✦**화목해질:** 서로 뜻이 맞고 정다워질.

7 문장에 알맞게 ㉠, ㉡을 모두 바르게 고친 것에 ○표 하세요.

(1) ㉠ 절차 → 핑계, ㉡ 선거 → 투표 … (   )

(2) ㉠ 절차 → 근거, ㉡ 선거 → 거수 … (   )

(3) ㉠ 절차 → 근거, ㉡ 선거 → 대화 … (   )

8 이 글의 내용으로 알맞은 것을 모두 고르세요. (,   ,   )

① '강아지 키우기'를 주제로 가족회의를 했다.

② '나'와 누나, 아빠가 강아지 키우기에 찬성했다.

③ '나'는 강아지 동생이 생겨서 귀찮은 마음이 들었다.

④ 다섯 명 중에서 세 명이 찬성하여 강아지를 키우게 되었다.

⑤ 엄마는 강아지 돌보는 일이 어려워서 강아지 키우기에 반대했다.

의사소통과 관련된 말

✏️ 다음 뜻풀이를 보고, 십자말풀이를 완성하세요.

➡️ **가로**

1 뜻을 새겨 가며 자세히 읽다.
4 실제적이고 자세한 부분까지 담고 있는 것.
6 어떤 주장이나 의견이 옳음을 뒷받침하는 까닭.
8 귀를 기울여 듣다.
9 가지고 있는 생각이나 뜻이 서로 통함.

⬇️ **세로**

2 글을 소리 내어 읽음.
3 회의에서 많은 사람의 의견에 따라 결정하는 일.
5 자기 혼자만의 생각이나 감정에서 벗어나, 있는 그대로 보거나 생각하는 것.
7 손을 위로 들어 올림.
9 어떤 일에 대하여 서로 의견을 주고받다.

[1~2] 다음 글의 밑줄 친 낱말과 바꾸어 쓸 수 있는 낱말을 찾아 ✓표 하세요.

1

우리 반은 아침마다 시 <u>낭독</u>을 한다. 한 명씩 돌아가며 시를 골라 와 읽는다. 오늘은 성현이가 시의 분위기에 어울리는 목소리로 「파도」라는 시를 읽었다. 시를 듣고 있으니 바닷가 풍경이 떠오르고 파도 소리가 들리는 것 같았다.

① 낭송　　② 묵독　　③ 방송　　④ 전송　　⑤ 주장

2

마을 길에서 야생 동물이 차에 치이는 사고가 잇달아 일어나고 있습니다. 사고를 막을 방법을 <u>의논하기</u> 위해 마을 회관에 모인 주민들의 말을 들어 보겠습니다.
"생태 통로를 만들어 동물들이 안전하게 이동할 수 있도록 해야 해요."
"야생 동물이 나온다는 안내판을 설치하면 차들이 속도를 줄일 거예요."
다양한 의견을 주고받으면서 함께 대책을 세울 수 있을 것으로 보입니다.

① 공감하기　　② 논의하기　　③ 면담하기　　④ 상상하기　　⑤ 전달하기

[3~4] 다음 관계의 두 낱말을 찾아 기호를 쓰세요.

3

상대방을 위해서 좋은 뜻으로 하는 거짓말을 '하얀 거짓말'이라고 한다. 친구들에게 하얀 거짓말을 어떻게 생각하는지 ㉠<u>물어보았다</u>.
수아는 어떤 상황에서도 거짓말은 ㉡<u>나쁘다며</u> 하얀 거짓말을 ㉢<u>부정했다</u>. 현호는 ㉣<u>솔직하게</u> 말하면 기분 나빠 할 일은 차라리 거짓말하는 게 낫다며 하얀 거짓말을 ㉤<u>긍정했다</u>.

• 뜻이 반대인 낱말: [　　　　] ↔ [　　　　]

4

우리는 읽거나 들은 내용을 모두 ㉠<u>기억할</u> 수 없기 때문에 때때로 메모를 합니다. 메모는 다른 사람에게 말을 전하거나 자신이 기억한 것을 ㉡<u>잊지</u> 않으려고 짧게 ㉢<u>요약해</u> 쓴 글입니다. 메모를 할 때에는 중요한 내용만 ㉣<u>간추려</u> 씁니다. 필요 없는 내용까지 넣어 길게 ㉤<u>쓰지</u> 않도록 합니다.

• 뜻이 비슷한 낱말: [　　　　] — [　　　　]

[5~6] 다음 글의 ◯에 들어갈 낱말을 찾아 ◯표 하세요.

5

　글을 읽는 목적에 따라 글을 읽는 방법이 다르다. 예를 들어 나에게 필요한 내용이 있는지 찾으려고 책을 읽을 때에는 처음부터 끝까지 자세히 읽지 않고 책장을 넘기며 빠르게 훑어 읽으면 된다. 하지만 교과서를 읽으며 공부할 때나 좋아하는 동화책을 읽을 때, 글의 내용을 정리해야 할 때에는 꼼꼼하게 │ 경청해야 │ 작성해야 │ 정독해야 │ 한다.

6

사회자: 안전하게 등교와 하교를 하려면 실천해야 할 일이 무엇인지 발표해 주십시오.
　　　　이선정 친구가 의견을 발표해 주십시오.
이선정: 발이 편한 운동화를 신고 다닙시다.
사회자: 의견을 발표할 때에는 의견을 뒷받침하는 │ 건의 │ 근거 │ 절차 │ 를 함께
　　　　말해 주시길 바랍니다.

[7~8] 다음 글의 밑줄 친 낱말을 넣어 문장을 만들어 쓰세요.

　사람이 말로 뜻을 전하는 것처럼 꿀벌은 춤으로 의사소통을 해요. 꿀벌이 꽃이 있어 먹이를 구할 수 있는 장소를 찾으면 동료 벌들에게 그 위치를 <u>전달하기</u> 위해 춤을 춰요. 배 부분을 흔들면서 8자 모양을 그리며 돌아요. 동료 벌들은 꿀벌이 추는 춤의 뜻을 <u>이해하고</u> 꽃이 있는 곳을 향해 날아가요.

7　**전달하다**　: 물건, 말, 내용이나 뜻 등을 다른 사람에게 전하여 이르게 하다.

_____

8　**이해하다**　: 깨달아 알다. 또는 잘 알아서 받아들이다.

_____

한 걸음 더!

오늘의 나의 실력은? 최고야 좋았어 힘내자

○ '談'(담)이 들어간 낱말은 '말, 이야기'와 관련 있어요. '談'(담)이 들어간 낱말을 알아보아요.

상담
문제를 해결하거나 궁금증을 풀기 위해 서로 이야기함.

농담
실없이 놀리거나 장난으로 하는 말.

談
말씀 담

담소
웃고 즐기면서 이야기함. 또는 그런 이야기.

회담
어떤 문제에 대해 관련된 사람들이 한자리에 모여서 토의함. 또는 그 토의.

Q 다음 문장에 알맞은 낱말을 찾아 ○표 하세요.

(1) 재미있는 (농담, 회담)을 잘하는 지효는 친구들에게 인기가 많다.

(2) 기훈이는 요즘 배탈이 자주 나서 의사 선생님과 (농담, 상담)을 했다.

(3) 지구 환경 문제 해결을 위해 세계 여러 나라 대표들이 (회담, 담소)을/를 열었다.

성격을 나타내는 말 ①

✏️ 다음 낱말이 사용된 상황을 보고, 초성에 알맞은 낱말을 써넣어 짧은 글을 완성하세요.

친구들이 겸손하게 서로를 칭찬하네.

너는 본받을 점이 많은 친구야. 지혜롭고 꼿꼿해서 늘 올바르게 행동하거든.

나야말로 쾌활하고 솔직한 네가 부러워. 나는 너무 얌전해서 고민인걸.

오늘의 어휘

- **겸손**(謙 겸손할 겸, 遜 겸손할 손)**하다**: 남을 존중하고 자기를 내세우지 않는 태도가 있다.
  비슷한말 겸허하다 반대말 교만하다

- **꼿꼿하다**: 성격이나 뜻이 곧고 굳세다.

- **솔직**(率 거느릴 솔, 直 곧을 직)**하다**: 거짓이나 숨김이 없이 바르고 곧다.
  비슷한말 정직하다, 진솔하다

- **얌전하다**: 성질이나 태도, 행동이 조용하고 조심스러우며 바르다.

- **지혜**(智 지혜 지, 慧 슬기로울 혜)**롭다**: 사물의 이치를 빨리 깨닫고 옳고 그름을 잘 이해하여 처리하는 능력이 있다. 비슷한말 슬기롭다

- **쾌활**(快 쾌할 쾌, 活 살 활)**하다**: 명랑하고 활발하다.

📝 짧은 글짓기

❶ ㄱㅅ 한 빛나는 자기 자랑을 하지 않습니다.

❷ 현준이는 성격이 ㄲㄲ 해서 나쁜 꾐에 넘어가지 않습니다.

❸ 유미는 성격이 ㅋㅎ 해서 처음 만난 친구와도 금세 친해집니다.

1 다음 뜻에 알맞은 낱말을 보기에서 찾아 기호를 쓰세요.

어휘
확인

보기

ⓐ 겸손하다   ⓑ 꼿꼿하다   ⓒ 솔직하다   ⓓ 얌전하다

(1) 성격이나 뜻이 곧고 굳세다. ( )
(2) 거짓이나 숨김이 없이 바르고 곧다. ( )
(3) 남을 존중하고 자기를 내세우지 않는 태도가 있다. ( )
(4) 성질이나 태도, 행동이 조용하고 조심스러우며 바르다. ( )

2 다음 친구에게 어울리는 낱말을 찾아 ○표 하세요.

어휘
적용

(1)
민규는 잘못한 일이 있으면 어머니께 숨기지 않고 말한다.

(겸손하다, 솔직하다)

(2)
지원이는 큰 소리로 잘 웃고 친구들과 뛰어노는 것을 좋아한다.

(꼿꼿하다, 쾌활하다)

3 다음 낱말이 들어갈 문장을 찾아 선으로 이으세요.

어휘
적용

(1)   얌전한   •

• ⓐ   (   ) 토끼는 꾀를 내어 사나운 호랑이를 우리에 가두었다.

(2)   지혜로운   •

• ⓑ   나는 조용히 혼자 있는 것을 좋아하는 (   ) 아이였는데 활발한 성격으로 바뀌었다.

4 다음의 밑줄 친 낱말과 뜻이 비슷한 낱말은 무엇인가요? (   )

> 여럿이 함께 의논하면 어려운 문제도 <u>지혜롭게</u> 해결할 수 있다.

① 괴롭게　　　　　② 새롭게　　　　　③ 슬기롭게
④ 평화롭게　　　　⑤ 흥미롭게

5 다음 글에서 밑줄 친 낱말과 뜻이 비슷한 낱말을 찾아 쓰세요.

> 　교실에서 물컵을 들고 가다가 실수로 지혁이의 가방에 물을 쏟았다. 아무도 보지 못했지만 나는 <u>솔직하게</u> 지혁이에게 말하고 사과했다. 지혁이는
> "괜찮아. 진솔하게 말해 줘서 고마워. 네 옷은 안 젖었어?"
> 라고 나를 걱정해 주었다. 지혁이의 따뜻한 마음씨가 정말 고마웠다.

(   )

관용 표현

6 다음 글을 읽고, 밑줄 친 속담을 사용할 수 있는 친구는 누구인지 찾아 ○표 하세요.

> 　벼 이삭은 벼에서 열매가 달려 있는 부분으로 누렇게 익어 갈수록 아래로 늘어집니다. 그 모습이 마치 고개를 숙인 것처럼 보이지요. '<u>벼 이삭은 익을수록 고개를 숙인다</u>'는 속담은 많이 배우거나 능력이 많은 사람일수록 더 **겸손하고** 남 앞에서 자기를 내세우지 않음을 이르는 말입니다.

▲ 아래로 늘어진 벼 이삭

(1) 영재는 5년 동안 모은 동전으로 자전거를 샀다. 　　　　　　　　(   )
(2) 진아는 물감을 잃어버리고 나서야 학용품에 자기 이름을 써서 붙였다. 　(   )
(3) 기현이는 미술 대회에서 금상 받은 것을 뽐내지 않고 다른 친구들의 그림 실력을 칭찬했다.

(   )

독해로
어휘 마무리

오늘의
나의 실력은?   최고야 좋았어 힘내자

2주 1
정답확인

[7~8] 다음 대화를 읽고, 물음에 답하세요.

성현이네 반 친구들이 「별주부전」을 읽고 이야기를 나누었다.

성현: 토끼를 속여 용궁으로 데려온 자라의 행동은 잘못입니다. 자라는 토끼가 용궁에 가면 죽는다는 것을 알고 있었습니다. 그런데도 토끼에게 용궁에 가면 잘살 수 있다고 거짓말을 했습니다.

강민: 자라는 토끼를 잡아 오라는 용왕의 명령을 따랐을 뿐입니다. 용왕의 병을 낫게 하는 약이 토끼의 간이라는 사실을 (㉠) 말했다면 토끼를 데려가지 못했을 것입니다.

영주: 용왕이 자신의 병을 고치려고 다른 동물을 죽게 하는 것은 옳지 않습니다. 다행히 토끼는 (㉡) 용궁을 빠져나왔지만 억울하게 죽을 뻔했습니다. 자라가 **꼿꼿한** 신하였다면 잘못된 용왕의 명령을 따르지 않았을 것입니다.

규승: 자라보다 오히려 자라의 말만 듣고 솔깃해서 용궁에 간 토끼가 잘못했다고 생각합니다. 그리고 토끼도 간을 육지에 두고 왔다고 용왕과 자라를 속였습니다. 자신이 처한 상황 때문에 거짓말한 것은 자라와 토끼가 똑같습니다.

✦ **용궁:** 전설에서, 바닷속에 있다고 하는 용왕의 궁전.
✦ **솔깃해서:** 그럴듯해 보여 마음이 쏠리는 데가 있어서.

7 ㉠, ㉡에 들어갈 알맞은 낱말을 보기 에서 찾아 쓰세요.

보기

느긋하게, 솔직하게, 지혜롭게, 쾌활하게

(1) ㉠: (   )   (2) ㉡: (   )

8 「별주부전」을 읽고 성현이네 반 친구들이 말한 내용으로 알맞지 <u>않은</u> 것을 모두 고르세요.

(,   )

① 자라의 말만 듣고 용궁에 간 토끼가 잘못했다.
② 용왕의 명령을 따르지 않은 자라의 행동은 옳다.
③ 용궁에 데려가기 위해 토끼를 속인 자라의 행동은 잘못이다.
④ 자라와 토끼는 둘 다 자신이 처한 상황 때문에 거짓말을 했다.
⑤ 병을 고치기 위해 토끼의 간을 먹으려고 한 용왕은 잘못이 없다.

성격을 나타내는 말 ❷

✏️ 다음 낱말이 사용된 상황을 보고, 뜻에 맞는 낱말을 써넣어 사전을 완성하세요.

어휘사전

❶ ⎡ㄴ⎤ ⎡ㅅ⎤ ⎡ㅈ⎤ (內 안 내, 省 살필 성, 的 과녁 적): 감정이나 생각을 겉으로 드러내지 않는 성격인 것.
반대말 외향적

❷ ⎡ㄷ⎤ ⎡ㄷ⎤ (大 큰 대, 膽 쓸개 담)**하다**
: 행동이나 성격이 겁이 없고 용감하다.

❸ ⎡ㅁ⎤ ⎡ㄸ⎤ ⎡ㄸ⎤ **하다:** 말이나 행동, 표정 등이 부드럽거나 정답지 않다.

❹ ⎡ㅇ⎤ ⎡ㅎ⎤ (陰 응달 음, 凶 흉할 흉)**하다**
: 겉과 다르게 속으로는 성질이 사납고 못되다.

❺ ⎡ㅊ⎤ ⎡ㅈ⎤ (親 친할 친, 切 끊을 절)**하다**
: 남을 대하는 태도가 정겹고 정성스럽다. 반대말 불친절하다

❻ ⎡ㅊ⎤ ⎡ㅊ⎤ (沈 잠길 침, 着 붙을 착)**하다**
: 흥분하지 않고 행동이 조심스럽고 조용하다. 비슷한말 차분하다

1 다음 밑줄 친 낱말의 뜻을 찾아 선으로 이으세요.

어휘 확인

(1) 친절한 아이가 길을 알려 주었다. ·

(2) 마법사가 음흉한 미소를 지었다. ·

(3) 소녀가 대담한 행동을 하였다. ·

· ㉮ 행동이나 성격이 겁이 없고 용감한.

· ㉯ 남을 대하는 태도가 정겹고 정성스러운.

· ㉰ 겉과 다르게 속으로는 성질이 사납고 못된.

2 다음 낱말의 뜻으로 알맞으면 🍎에 ○표, 알맞지 않으면 🍎에 ○표 하세요.

어휘 확인

(1) 내성적 남과 다른 고유의 특성을 가지는 것. → 🍎 , 🍎

(2) 침착하다 흥분하지 않고 행동이 조심스럽고 조용하다. → 🍎 , 🍎

3 다음 중 밑줄 친 낱말을 알맞게 사용한 문장을 모두 고르세요. (,   ,   )

어휘 적용

① 가게 주인이 화난 사람처럼 무뚝뚝하게 대답했다.

② 그는 음흉한 사람이니 겉모습만 보고 믿으면 안 된다.

③ 내성적인 주원이는 늘 자기 생각을 내세우며 모든 일에 앞장선다.

④ 한밤중에 현관문 쪽에서 소리가 나자 혁이는 대담하게 벌벌 떨었다.

⑤ 곰이 다가오고 있을 때 나그네는 허둥대지 않고 침착하게 몸을 숨겼다.

4 다음 대화에서 밑줄 친 낱말과 뜻이 비슷한 낱말을 ( )에서 찾아 ○표 하세요.

어휘
확장

> 수아: 어제 집에서 오빠랑 놀다가 유리컵을 깼어.
>
> 경태: 다치지 않았니?
>
> 수아: 응, 괜찮아. 오빠가 <u>침착하게</u> 깨진 유리컵 조각을 다 치웠어.
>
> 경태: 오빠가 다행히 (짓궂게, 명랑하게, 차분하게) 행동했구나.

5 다음 글의 밑줄 친 낱말과 뜻이 반대인 낱말은 무엇인가요? ( )

어휘
확장

> 내 친구 은지는 <u>내성적</u>이어서 말이 별로 없다. 하지만 누구보다 내 말을 귀 기울여 듣고 나에게 가끔 편지를 쓴다. 나는 친구 중에 은지가 제일 좋다.

① 객관적   ② 구체적   ③ 성공적

④ 세계적   ⑤ 외향적

관용 표현

6 다음 글에 나오는 홍길동에게 어울리는 관용어를 찾아 ○표 하세요.

> 홍길동은 도적의 무리를 이끌고 나쁜 양반들을 혼내 주었다. **대담하게** 미리 찾아갈 날을 알리고 나타나기도 했다.
>
> "백성들을 괴롭혀 빼앗은 재물이니 백성들에게 돌려주겠다!"
>
> 홍길동은 곳간에 쌓여 있는 재물을 양반의 눈앞에서 가지고 사라졌다.

(1) 간이 크다: 겁이 없고 매우 대담하다.   (   )

(2) 귀가 따갑다: 너무 여러 번 들어서 듣기가 싫다.   (   )

(3) 꼬리를 내리다: 상대편에게 기가 꺾여 물러서거나 움츠러들다.   (   )

독해로
어휘 마무리

오늘의
나의 실력은?   최고야   좋았어   힘내자

2주 2일
정답확인

[7~8] 다음 극본을 읽고, 물음에 답하세요.

> 산길. 호랑이가 엄마를 잡아먹고 엄마 옷을 입는다.
>
> 호랑이: (**음흉하게** 웃으며) ㉠흐흐, 엄마로 변장하고 오누이를 잡아먹어야지.
>
> 호랑이가 오누이의 집으로 겅중겅중 뛰어간다.
>
> 호랑이: (문 앞에 서서 **무뚝뚝하게**) ㉡얘들아, 문 열어라!
>
> 동생: 누구세요?
>
> 호랑이: (혼잣말로) 아차! 엄마인 척해야지. (**친절한** 목소리로) ㉢얘들아, 엄마야. 떡 가져왔
> 으니 어서 문 열어 주렴.
>
> 오빠: (**침착하게**) 엄마가 함부로 문을 열어 주지 말라고 했어. (문 밖을 향해 큰 소리로) 우리
> 엄마 목소리가 아니에요!
>
> 호랑이: 날이 추운데 고개 넘어오느라 감기가 들어서 그래. 빨리 문 열어!
>
> 오빠: 그러면 손을 보여 줘요.
>
> 호랑이가 문틈으로 북슬북슬한 앞발을 들이민다.
>
> 오빠: (깜짝 놀라며) 호랑이잖아! (동생의 손을 잡고 뒷문으로 도망친다.)
>
> 호랑이: (문을 부수고 들어오며) 어흥!
>
> 오누이가 우물 옆 나무 위로 올라가 숨는다.

7 호랑이의 말 ㉠~㉢ 중에서 다음과 같이 말해야 하는 것은 무엇인지 기호를 쓰세요.

> 부드럽고 정겹게 말한다.

(   )

8 이 글의 내용에 맞게 알맞은 말을 찾아 ○표 하세요.

(1) 호랑이가 (아빠, 엄마) 흉내를 내며 오누이에게 문을 열라고 했다.

(2) 오누이는 문을 열지 않고 호랑이에게 (손, 얼굴)을 보여 달라고 했다.

(3) 오누이는 뒷문으로 도망쳐 (나무, 지붕) 위로 올라갔다.

공부한 날
___월 ___일

성격을 나타내는 말 ❸

✏️ 다음 낱말의 뜻을 보고, 밑줄 친 낱말을 알맞게 사용한 친구에게 ○표 하세요.

다정(多 많을 다, 情 뜻 정)하다

정이 많고 마음이 따뜻하다.
비슷한말 정답다
반대말 쌀쌀맞다, 냉정하다
예 다정한 한결이는 어려운 상황에 처한 친구들을 잘 도와준다.

도도하다

잘난 체하며 남을 낮추어 보다. 비슷한말 거만하다
예 정민이는 항상 도도하게 굴어서 친해지기 어렵다.

부지런하다

할 일을 미루지 않고 열심히 하며 꾸준하다.
반대말 게으르다
예 민준이는 날마다 부지런하게 아침 운동을 했다.

소심(小 작을 소, 心 마음 심)하다

대담하지 못하고 조심성이 지나치게 많다.
예 다솜이는 소심해서 어떤 일에 쉽게 도전하지 못한다.

점잖다

말이나 행동, 태도가 예절에 맞고 조심스럽다.
비슷한말 의젓하다
예 내 동생 성찬이는 나보다 어린데도 점잖게 행동한다.

천진난만(天 하늘 천, 眞 참 진, 爛 빛날 난, 漫 질펀할 만)하다

말이나 행동에 아무런 꾸밈이 없이 순진하고 참되다.
비슷한말 순진하다
예 갓난아기의 천진난만한 미소에 엄마는 함박웃음을 지었다.

누나는 언제나 다정하게 내가 모르는 것을 가르쳐 줘.

(   )

나는 소심해서 처음 보는 놀이 기구도 잘 타.

(   )

나는 부지런해서 아침에 늦게 일어나.

(   )

1 다음 낱말의 뜻에 알맞은 말을 찾아 ○표 하세요.

어휘
확인

(1) 도도하다 (잘난, 모르는) 체하며 남을 낮추어 보다.

(2) 소심하다 대담하지 못하고 조심성이 지나치게 (많다, 적다).

(3) 점잖다 말이나 행동, 태도가 예절에 맞고 (시끄럽다, 조심스럽다).

(4) 천진난만하다 말이나 행동에 아무런 (정, 꾸밈)이 없이 순진하고 참되다.

2 다음 문장에 어울리는 낱말을 보기에서 찾아 빈칸에 쓰세요.

어휘
적용

보기
다정, 소심, 천진난만

(1) 아기가 꾸밈 없이 ( )하게 웃고 있다.
(2) 미주는 아빠와 ( )하게 손을 잡고 산책했다.
(3) 나는 ( )한 성격이어서 친구들 앞에서 발표할 때 무척 떨린다.

3 다음 중 밑줄 친 낱말을 알맞게 사용하여 말한 친구에게 모두 ○표 하세요.

어휘
적용

(1) 민교: 우리 반 성희는 도도해서 말을 걸기 어려워.   (   )

(2) 태우: 늦잠 자고 꾸물거리다가 엄마한테 부지런하다고 꾸중을 들었어.   (   )

(3) 호진: 할아버지께서 버스에서 떠드는 아이에게 화내지 않고 점잖게 타이르셨어.

(   )

4 다음 낱말과 뜻이 비슷한 낱말을 **보기**에서 찾아 기호를 쓰세요.

어휘
확장

보기

ㄱ 점잖다 ㄴ 순진하다 ㄷ 의젓하다 ㄹ 거만하다

(1) 점잖다 …… ( ) (2) 다정하다 ……… ( )

(3) 도도하다 … ( ) (4) 천진난만하다 … ( )

5 다음 글에서 밑줄 친 낱말과 뜻이 반대인 낱말을 찾아 쓰세요.

어휘
확장

어느 마을에 <u>부지런한</u> 농부가 포도밭을 일구며 살았다. 농부에게는 아들 셋이 있었는데 모두 일하기를 싫어했다. 어느 날 농부가 큰 병에 걸렸다. 농부는 자기가 죽고 나면 게으른 세 아들이 포도 농사를 망칠까 봐 걱정이 되었다.

( )

관용 표현

6 다음 글에서 밑줄 친 관용어의 뜻으로 알맞은 것은 무엇인가요? ( )

○○초등학교에서는 전교생을 대상으로 어떤 친구와 어울리기 힘든지 설문 조사를 했다. 그 결과 '잘난 척하는 친구'가 1위를 차지했다. 이 밖에 학생들은 '남을 흉보거나 욕하는 친구', '잘 삐지는 친구'도 어울리기 힘든 친구로 꼽았다. 이번 조사를 진행한 김수철 선생님은 "아이들은 **도도하게** 굴고 <u>콧대가 높은</u> 친구와 어울리는 것을 어려워한다."라며 친구들끼리 잘 지내려면 어떻게 해야 할지 학생들과 이야기를 나누겠다고 말했다.

① 이해심이 많은. ② 사귀어 아는 사람이 많은.

③ 남의 말을 쉽게 받아들이는. ④ 잘난 체하고 뽐내는 태도가 있는.

⑤ 용기나 자존심 없이 남에게 굽히는.

독해로
어휘 마무리

오늘의
나의 실력은?

최고야 좋았어 힘내자

2주 3일
정답확인

[7~8] 다음 소개하는 글을 읽고, 물음에 답하세요.

나는 사 남매 중 셋째입니다. 우리 반 친구들은 형제자매가 한 명이거나 없는데 나는 형, 누나, 동생이 다 있습니다.

맏이인 형은 중학교 3학년이고 그림을 잘 그립니다. 차분하고 (㉠) 별명이 '영감님'입니다. 친구들이 영감이라고 부르며 놀려도 형은 그냥 씩 웃습니다.

둘째인 누나는 6학년입니다. 동물을 좋아해서 꿈이 수의사입니다. 동네에서 길고양이를 보면 지나치지 않고 먹을 것을 줍니다. **다정한** 누나는 동생들하고 잘 놀아 줍니다.

나는 셋째이고 3학년입니다. 수학을 좋아하고 운동을 잘합니다. 날마다 아침 일찍 일어나 할아버지와 달리기를 합니다. 형은 우리 남매 중에 내가 제일 **부지런하다고** 칭찬합니다.

막내인 동생은 여섯 살입니다. 얼마 전부터 태권도를 배우는데, 태권도가 좋아서 하루 종일 도복을 입고 있습니다. **천진난만한** 동생은 우리 집 귀염둥이입니다.

우리 사 남매는 사이좋게 지냅니다. 나는 형제자매가 많아서 재미있고 즐겁습니다.

♦ **도복:** 유도나 태권도 등을 할 때 입는 운동복.

7 ㉠에 들어갈 낱말로 알맞은 것을 모두 고르세요. (,)

① 도도해서 ② 솔직해서 ③ 순진해서
④ 의젓해서 ⑤ 점잖아서

8 글쓴이가 사 남매를 소개한 내용에 알맞게 선으로 이으세요.

(1) 형 •   • ㉮ 꿈이 수의사이고 다정하다.

(2) 누나 •   • ㉯ 운동을 잘하고 부지런하다.

(3) 나 •   • ㉰ 그림을 잘 그리고 차분하다.

(4) 동생 •   • ㉱ 태권도를 좋아하고 천진난만하다.

공부한 날
___월 ___일

2주 4일

성격을 나타내는 말 ④

✏️ 다음 낱말의 뜻을 보고, 초성에 알맞은 말을 써넣으세요.

오늘의 어휘

- **꼼꼼하다**: 빈틈이 없이 자세하고 차분하다.
- **덤벙대다**: 침착하지 못하고 들떠서 서두르거나 함부로 덤비다. 비슷한말 덜렁대다
- **상냥하다**: 성질이나 태도가 밝고 부드러우며 친절하다.
- **신중**(愼 삼갈 신, 重 무거울 중)**하다**: 어떤 일을 할 때 매우 생각이 깊고 조심스럽다.
- **야무지다**: 말, 행동, 성격 등이 똑똑하고 단단하며 빈틈없다.
- **조급**(躁 조급할 조, 急 급할 급)**하다**: 참을성이 없이 몹시 급하다. 비슷한말 성급하다

1 다음 낱말의 뜻에 알맞게 선으로 이으세요.

(1) 덤벙대다 •

• ㉮ 성질이나 태도가 밝고 부드러우며 친절하다.

(2) 상냥하다 •

• ㉯ 말, 행동, 성격 등이 똑똑하고 단단하며 빈틈없다.

(3) 야무지다 •

• ㉰ 침착하지 못하고 들떠서 서두르거나 함부로 덤비다.

2 다음 낱말의 뜻풀이에 들어갈 알맞은 낱말을 보기 에서 찾아 쓰세요.

―――――――――――――― 보기 ――――――――――――――
빈틈, 생각, 참을성

(1) 조급하다: ( )이 없이 몹시 급하다.
(2) 꼼꼼하다: ( )이 없이 자세하고 차분하다.
(3) 신중하다: 어떤 일을 할 때 매우 ( )이 깊고 조심스럽다.

3 다음 중 밑줄 친 낱말을 알맞게 사용한 친구에게 모두 ○표 하세요.

누나는 덤벙대서 용돈을 어떻게 썼는지 하나하나 다 기록해.

(   )

집에서 설거지를 했는데 야무지게 잘했다고 칭찬받았어.

(   )

옆집 아주머니는 언제나 상냥하게 말을 걸어 주셔서 기분이 좋아.

(   )

4 다음 중 빈칸에 '신중'이 들어가기에 알맞은 문장을 찾아 기호를 쓰세요.

어휘
적용

> ㉠ 늦잠을 잔 석희는 (   )하게 나오다가 준비물을 안 챙겼다.
> ㉡ 가게 주인이 미소를 지으며 손님들에게 (   )하게 인사했다.
> ㉢ 직업을 선택할 때에는 유행에 휩쓸리지 말고 (   )하게 결정해야 한다.

(   )

5 다음 밑줄 친 낱말과 뜻이 비슷한 낱말을 찾아 ○표 하세요.

어휘
확장

> 윤이는 성격이 급해서 <u>덤벙대다가</u> 실수를 하는 일이 많다. 오늘도 가장 먼저 급식을 먹겠다고 달려 나가다가 넘어져서 무릎이 까졌다.

(덜렁대다가, 도도하다가, 얌전하다가)

관용 표현

6 다음 친구들의 행동과 관련 있는 속담을 모두 고르세요. (,   ,   )

> 훈이: **조급하게** 서두르다 국어 시험지에 이름을 안 쓰고 냈어.
> 연아: 수채화를 완성하자마자 스케치북을 덮었는데 물감이 마르지 않아서 그림을 망쳤어.

① 천 리 길도 한 걸음부터: 무슨 일이나 그 일의 시작이 중요하다는 말.

② 급히 먹는 밥에 목이 멘다: 너무 급히 서둘러 일을 하면 잘못하고 실패하게 됨을 이르는 말.

③ 우물에 가 숭늉 찾는다: 모든 일에는 차례가 있는데 일의 순서도 모르고 급하게 덤빔을 이르는 말.

④ 믿는 도끼에 발등 찍힌다: 잘되리라고 믿고 있던 일이 어긋나거나 믿고 있던 사람이 배반하여 오히려 해를 입음을 이르는 말.

⑤ 번갯불에 콩 볶아 먹겠다: 번갯불에 콩을 볶아 먹을 만큼 급하게 군다는 뜻으로, 어떤 일을 빨리 해치우려고 서두르는 조급한 성질을 이르는 말.

독해로
어휘 마무리

오늘의
나의 실력은?
 최고야   좋았어   함내자

2주 4일
정답확인

[7~8] 다음 편지를 읽고, 물음에 답하세요.

채원이에게

채원아, 안녕? 나 지우야.

너의 열 살 생일을 축하해! 너에게 생일 선물과 함께 축하하는 마음을 전하고 싶어서 이렇게 편지를 쓴단다.

내가 전학을 와서 처음엔 친구를 사귀지 못했잖아. 어느 날 학교가 끝나고 혼자 집에 가는데 네가 **상냥하게** 말을 걸어 주었어. 그때 나는 무척 기뻤어. 알고 보니 우리가 같은 아파트에 살았고, 그날부터 우리는 함께 집에 가면서 가까워졌지. 지금 너는 나의 가장 친한 친구야.

우리 엄마는 너와 내가 성격이 다른데도 친하게 지낸다고 신기하시대. 나는 성격이 급하고 (㉠) 실수할 때가 많아. 그런데 너는 (㉡) 뭐든지 잘하지. 지난번에도 내가 숙제를 까먹었는데 네가 알려 주었잖아. 게다가 숙제할 때 필요한 책까지 빌려주어서 고마웠어.

채원아, 다시 한번 생일 축하해! 선물이 마음에 들었으면 좋겠어. 네가 어떤 선물을 받으면 기뻐할까 생각하면서 **신중하게** 고른 거란다.

그럼 내일 학교에서 만나자. 안녕.

지우가

7 지우가 채원이에게 편지를 쓴 까닭은 무엇인가요? ( )

① 전학 가는 소식을 전하기 위해
② 채원이의 생일을 축하하기 위해
③ 친해지고 싶은 마음을 전하기 위해
④ 생일 선물로 무엇을 받고 싶은지 물어보기 위해
⑤ 성격이 달라서 친하게 지내기 힘들다고 말하기 위해

8 ㉠, ㉡에 들어갈 낱말이 모두 알맞은 것에 ○표 하세요.

(1) ㉠: 덤벙대서, ㉡: 조급해서 … ( )
(2) ㉠: 덤벙대서, ㉡: 야무져서 … ( )
(3) ㉠: 꼼꼼해서, ㉡: 야무져서 … ( )

성격을 나타내는 말

✏ 다음 뜻에 알맞은 낱말을 가로, 세로, 대각선으로 찾아 연결하세요.

내	순	점	용	신	무	도	지	심
음	성	미	잖	유	대	도	상	꼿
흉	악	적	꼼	다	얌	하	냥	꼿
하	영	지	쾌	활	하	다	덤	하
다	대	담	하	다	뚝	조	벙	다
솔	직	하	다	야	무	급	대	난
강	천	진	부	지	런	하	다	만

낱말 뜻

1 명랑하고 활발하다.

2 성격이나 뜻이 곧고 굳세다.

3 잘난 체하며 남을 낮추어 보다.

4 거짓이나 숨김이 없이 바르고 곧다.

5 행동이나 성격이 겁이 없고 용감하다.

6 할 일을 미루지 않고 열심히 하며 꾸준하다.

7 겉과 다르게 속으로는 성질이 사납고 못되다.

8 말이나 행동, 태도가 예절에 맞고 조심스럽다.

9 감정이나 생각을 겉으로 드러내지 않는 성격인 것.

10 침착하지 못하고 들떠서 서두르거나 함부로 덤비다.

[1~2] 다음 글의 밑줄 친 낱말과 뜻이 비슷한 낱말에 〇표 하세요.

1

"빨간 모자야, 어디 가니?"

음흉한 늑대가 입맛을 다시며 빨간 모자를 쓴 아이에게 물었습니다. <u>천진난만한</u> 아이는 늑대의 속셈을 눈치채지 못하고 솔직하게 말했습니다.

"케이크랑 포도주를 가지고 할머니 댁에 가는 중이야."

(상냥한, 순진한, 무뚝뚝한)

2

횡단보도를 안전하게 건너자. 신호등에 파란불이 켜지자마자 앞으로 뛰어 나가는 친구들이 있다. 또 신호등이 깜박거리면 <u>조급하게</u> 후다닥 뛰어 건너기도 한다. 그렇게 하면 교통사고가 날 위험이 있다. 횡단보도를 건널 때에는 손을 들고 좌우를 살피면서 급하지 않게 건너야 한다.

(점잖게, 꼿꼿하게, 성급하게)

[3~4] 다음 글에서 뜻이 반대인 두 낱말을 찾아 기호를 쓰세요.

3

장화와 홍련의 어머니는 성품이 온순하고 ㉠다정했어요. 그런데 장화와 홍련이 아직 어릴 때, 어머니가 그만 병에 걸려 세상을 ㉡뜨고 말았어요. 아버지는 어린 자매를 위해 새어머니를 맞았어요. 어머니와 달리 새어머니는 ㉢쌀쌀맞았어요. 장화, 홍련을 ㉣괴롭히고, 툭하면 트집을 잡아 ㉤꾸짖었어요.

(,   )

4

이야기 속 등장인물의 성격을 ㉠짐작하려면 인물이 한 말이나 행동을 살펴보면 된다. 이야기에 나오는 성주와 태윤이는 달리기를 ㉡잘한다. 달리기 시합에서 1등을 했을 때 성주는 2등 한 친구를 ㉢칭찬하는 말을 하지만, 태윤이는 자기가 최고라고 뽐내면서 다른 친구를 무시하는 행동을 한다. 이러한 말과 행동으로 성주는 ㉣겸손한 성격이고 태윤이는 ㉤교만한 성격임을 알 수 있다.

(,   )

[5~6] 다음 글의 ⬭ 에 들어갈 낱말을 찾아 ✓표 하세요.

5

'돌다리도 두들겨 보고 건너라'라는 속담이 있습니다. 튼튼한 돌다리도 혹시 흔들리거나 무너지지 않을지 확인해 보고 건너라는 말입니다. 즉 잘 알거나 확실해 보이는 일이라도 한번 더 점검하고 주의해야 한다는 뜻입니다. 그래서 모든 일을 ⬭ 하는 사람을 가리켜 "돌다리도 두들겨 보고 건널 사람이야."라고 합니다.

① 도도하게　　　② 솔직하게　　　③ 신중하게
④ 얌전하게　　　⑤ 재빠르게

6

「인어 공주」 이야기에 나오는 인어 공주는 호기심이 많고 용감한 성격이에요. 왕자를 만나기 위해 자신의 목소리를 두 다리와 바꾸지요. 인어 공주가 ⬭ 성격이었다면 인간 세상으로 나가는 모험을 하지 않고 그대로 바다에서 살았을 거예요. 이처럼 이야기에서 인물의 성격을 바꾸면 이야기의 내용이 달라져요. 바뀐 성격에 따라 인물의 말과 행동도 달라지기 때문이에요.

① 소심한　　　② 친절한　　　③ 쾌활한
④ 덤벙대는　　　⑤ 부지런한

[7~8] 다음 글의 밑줄 친 낱말을 넣어 문장을 만들어 쓰세요.

안중근은 우리나라의 독립을 위해 <u>대담한</u> 계획을 세웠다. 우리나라를 침략하고 빼앗는 데 앞장선 이토 히로부미를 암살하기로 한 것이다.
　1909년 10월 26일, 이토 히로부미가 만주 하얼빈 역에 내렸다. 사람들 틈에 있던 안중근은 품에서 권총을 꺼냈다. 그리고 이토 히로부미를 향해 <u>침착하게</u> 방아쇠를 당겼다. 탕! 탕! 탕! 총소리와 함께 이토 히로부미가 쓰러졌다.

7　대담하다 : 행동이나 성격이 겁이 없고 용감하다.

_____

8　침착하다 : 흥분하지 않고 행동이 조심스럽고 조용하다.

_____

한 걸음 더!

오늘의
나의 실력은?

 최고야 좋았어 힘내자

2주 5일
정답확인

○ '心'(심)이 들어간 낱말은 '마음'과 관련 있어요. '心'(심)이 들어간 낱말을 알아보아요.

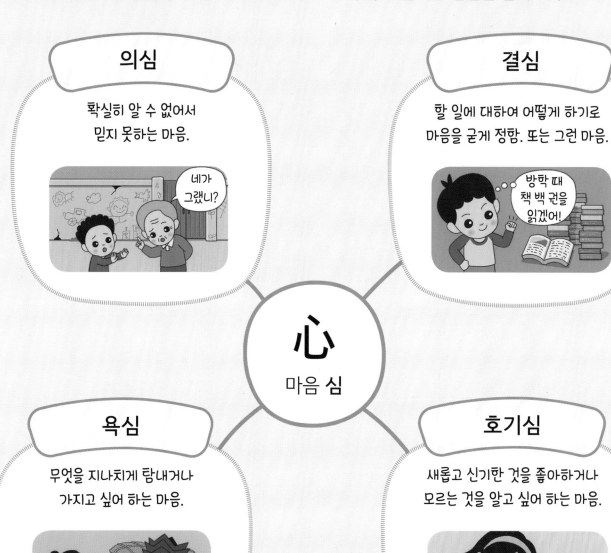

의심

확실히 알 수 없어서 믿지 못하는 마음.

네가 그랬니?

결심

할 일에 대하여 어떻게 하기로 마음을 굳게 정함. 또는 그런 마음.

방학 때 책 백 권을 읽겠어!

心
마음 심

욕심

무엇을 지나치게 탐내거나 가지고 싶어 하는 마음.

호기심

새롭고 신기한 것을 좋아하거나 모르는 것을 알고 싶어 하는 마음.

Q 다음 문장에 알맞은 낱말을 찾아 ○표 하세요.

(1) 연준이는 의사가 되기로 (결심, 의심)을 하고 열심히 공부했다.

(2) (결심, 호기심)이 많은 수진이는 수업 시간에 선생님께 질문을 많이 한다.

(3) 책상에 둔 과자가 없어졌다고 누나가 나를 (욕심, 의심)의 눈초리로 쳐다보았다.

우리 지역과 관련된 말 ①

✏️ 다음 낱말이 사용된 상황을 보고, 초성에 알맞은 낱말을 써넣어 짧은 글을 완성하세요.

우리 고장에 대해 알아보기

우리 고장의 위치는 대한민국의 동쪽이야. '강원'이라는 지명은 조선 시대에 지어졌대.

우리 지역은 감자의 주요 생산지로도 유명해.

산간 지역을 개발해 스키장을 만들어서, 겨울이면 많은 관광객들이 스키를 타러 와.

오늘의 어휘

• **고장**: 사람이 많이 사는 지방이나 지역.

　모양이 같은 말　고장: 기구나 기계가 제대로 움직이지 못하게 되는 것.

• **산간**(山 메 산, 間 사이 간): 산과 산 사이에 산골짜기가 많은 곳.

　비슷한말　산골

• **생산지**(生 날 생, 産 낳을 산, 地 땅 지): 어떤 물품을 만들어 내는 곳이나 물품이 저절로 생겨나는 곳.

• **위치**(位 자리 위, 置 둘 치): 일정한 곳에 자리를 차지함. 또는 그 자리.

• **지명**(地 땅 지, 名 이름 명): 마을이나 지방, 산, 강, 지역 등의 이름.

• **지역**(地 땅 지, 域 지경 역): 어떤 특징이나 기준에 따라 나눈 일정한 땅.

📝 **짧은 글짓기**

❶ 내가 사는 도시의 [ㅈ][ㅁ]은 '대구'입니다.

❷ 충청북도 단양은 마늘의 최대 [ㅅ][ㅅ][ㅈ] 가운데 하나입니다.

❸ 우리 [ㄱ][ㅈ]은 바닷가에 있어서 물고기를 잡는 등 어업에 종사하는 사람이 많습니다.

1 다음 뜻에 알맞은 낱말을 찾아 선으로 이으세요.

어휘
확인

(1) 산과 산 사이에 산골짜기가 많은 곳. ·

· ㉮ 지역

(2) 마을이나 지방, 산, 강, 지역 등의 이름. ·

· ㉯ 산간

(3) 어떤 특징이나 기준에 따라 나눈 일정한 땅. ·

· ㉰ 지명

(4) 어떤 물품을 만들어 내는 곳이나 물품이 저절로 생겨나는 곳. ·

· ㉱ 생산지

2 다음 문장에 어울리는 낱말을 보기에서 찾아 빈칸에 쓰세요.

어휘
적용

보기

지명, 지역, 위치

(1) '서울'의 옛날 (   )은/는 '한양'이다.
(2) 기훈이가 사는 (   )에는 자동차를 만드는 회사와 공장이 많다.
(3) 은행의 (   )을/를 묻는 아주머니께 길 건너 꽃집 옆에 은행이 있다고 알려 주었다.

3 다음 문장에 어울리는 낱말을 찾아 ○표 하세요.

어휘
적용

(1) 제주도는 귤 (위치 / 생산지)로 유명하다.

(2) 어머니의 고향은 지리산 근처 (산간 / 지명) 마을이다.

4 다음 글의 밑줄 친 낱말과 뜻이 비슷한 낱말은 무엇인가요? (   )

어휘
확장

내일은 전국적으로 눈이 내리겠습니다. 특히 강원 <u>산간</u> 지방에는 많은 눈이 내릴 것으로 예상되니 피해가 없도록 대비해 주시기 바랍니다.

① 동산   ② 산골   ③ 산길
④ 산림   ⑤ 산천

5 다음 문장에서 밑줄 친 낱말의 뜻을 보기 에서 찾아 기호를 쓰세요.

어휘
확장

보기

㉠ 사람이 많이 사는 지방이나 지역.
㉡ 기구나 기계가 제대로 움직이지 못하게 되는 것.

(1) 우리 <u>고장</u>에서는 5월에 장미 축제를 연다.   (   )
(2) 엘리베이터가 <u>고장</u>이 나서 9층까지 계단으로 걸어 올라갔다.   (   )

관용 표현

6 다음 글의 빈칸에 들어갈 관용어로 알맞은 것에 ○표 하세요.

할아버지께서 참외를 보내 주셨다. 할아버지께서 사시는 **고장**은 참외 **생산지**인 경상북도 성주이다. 커다란 상자를 열었더니 싱싱하고 샛노란 참외가 가득 들어 있었다. 아빠가 참외를 깎는데 달콤한 냄새가 났다. 나와 동생은 (   ). 할아버지, 감사히 잘 먹겠습니다!

(1) 등골이 서늘했다: 무서워서 아찔하고 으스스했다.   (   )
(2) 군침을 삼켰다: 음식을 보고 먹고 싶어서 입맛을 다셨다.   (   )
(3) 입에 거미줄을 쳤다: 가난하여 먹지 못하고 오랫동안 굶었다.   (   )

독해로
어휘 마무리

오늘의
나의 실력은?

최고야 좋았어 함내자

3주 1일
정답확인

[7~8] 다음 독서 감상문을 읽고, 물음에 답하세요.

(㉠)에 대한 책을 읽었다. 우리나라 곳곳의 마을, 산, 고개 등의 이름이 어떻게 생겼는지 재미있게 알려 주는 내용이었다. **지명**은 자연환경의 모습을 본떠 짓거나 **고장**에 전해 내려오는 이야기, 역사적 사건과 관련해 짓기도 한다. 책에 나온 여러 지명 중 '장승배기'와 '말죽거리'가 특히 기억에 남았다. 둘 다 내가 살고 있는 서울에 있는 곳이다.

조선의 임금 정조가 아버지 사도세자의 묘에 갈 때 도중에 나무가 우거진 곳에서 쉬었다. 그런데 그곳은 한적해서 해가 지면 으스스했다. 정조는 오가는 사람들이 무섭지 않도록 장승을 세우라고 했다. 장승이 세워진 뒤 그곳엔 장승배기라는 이름이 생겼다고 한다.

말죽거리에는 인조와 관련된 이야기가 전해진다. 인조가 반란군에 쫓겨 한강을 건넜는데 너무 지치고 배가 고팠다. 마을 사람들이 팥죽을 쑤어 주자 인조는 말에 탄 채로 죽을 먹었다. 임금이 말 위에서 죽을 먹은 곳이라고 하여 그때부터 그곳을 말죽거리라고 부르게 되었다고 한다.

이 책을 읽고 지명을 통해 우리 역사와 조상들의 생활 모습을 엿볼 수 있었다. 앞으로 우리나라 여러 (㉡)의 이름에 관심을 가져야겠다.

◆ **우거진:** 풀, 나무 등이 자라서 무성해진.

◆ **한적해서:** 한가하고 고요해서.

7 ㉠, ㉡에 들어갈 낱말이 모두 알맞은 것에 ○표 하세요.

(1) ㉠: 산간, ㉡: 위치 … (　　　　)　　(2) ㉠: 지명, ㉡: 민요 …… (　　　　)

(3) ㉠: 지명, ㉡: 지역 … (　　　　)　　(4) ㉠: 생산지, ㉡: 임금 … (　　　　)

8 지명과 각 지명에 얽힌 이야기를 알맞게 선으로 이으세요.

(1) 　장승배기　•

•㉮ 인조가 반란군에게 쫓겨 가다가 마을 사람들이 쑤어 준 죽을 말 위에서 먹었다.

(2) 　말죽거리　•

•㉯ 정조가 아버지 묘에 갈 때 도중에 쉬는 곳이 으스스해서 장승을 세우라고 했다.

우리 지역과 관련된 말 ②

✏️ 다음 낱말의 뜻을 보고, 밑줄 친 낱말을 알맞게 사용한 친구에게 모두 ○표 하세요.

가파르다

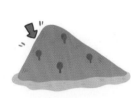

산이나 길이 몹시 기울어져 있다.

비슷한말 비탈지다

반대말 완만하다

㉠ 이 산은 가팔라서 올라갈 때 몹시 힘이 든다.

국토(國 나라 국, 土 흙 토)

나라의 땅. 나라의 통치권이 미치는 지역을 이름.

비슷한말 영토

㉠ 우리나라 국토의 70퍼센트는 산이다.

단조(單 홑 단, 調 고를 조)롭다

단순하고 변화가 없다.

㉠ 우리나라의 동해는 서해에 비해 바다와 육지가 맞닿은 해안선이 단조롭다.

산맥(山 메 산, 脈 맥 맥)

여러 산들이 길게 이어져 줄기를 이루고 있는 것.

㉠ 우리 국토의 등뼈처럼 남북으로 길게 뻗은 산맥이 태백산맥이다.

지형(地 땅 지, 形 형상 형)

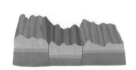

땅의 생긴 모양.

㉠ 내가 사는 고장은 주위가 산으로 둘러싸여 있고 가운데는 낮은 지형이다.

해안(海 바다 해, 岸 언덕 안)

바다와 육지가 맞닿은 부분.

비슷한말 바닷가

㉠ 밀려오는 파도를 보며 해안을 따라 걸었다.

할머니 댁 국토에는 커다란 감나무가 있어.

( )

해안에서는 닻을 내리고 머무르는 배를 볼 수 있어.

( )

가파른 언덕길에서 미끄러지지 않게 조심해야 해.

( )

1 다음 낱말의 뜻을 보기 에서 찾아 기호를 쓰세요.

어휘
확인

> 보기
>
> ㉠ 땅의 생긴 모양.
> ㉡ 바다와 육지가 맞닿은 부분.
> ㉢ 나라의 땅. 나라의 통치권이 미치는 지역을 이름.
> ㉣ 여러 산들이 길게 이어져 줄기를 이루고 있는 것.

(1) 국토 … (   )   (2) 산맥 … (   )
(3) 지형 … (   )   (4) 해안 … (   )

2 다음 밑줄 친 낱말의 뜻에 알맞은 말을 찾아 ○표 하세요.

어휘
확인

(1)   그는 매일 반복되는 <u>단조로운</u> 생활이 지겨웠다.

➡ (단순하고, 복잡하고) 변화가 없는.

(2)   등산객들이 땀을 닦으며 <u>가파른</u> 산길을 올라갔다.

➡ 산이나 길이 몹시 (평평한, 기울어져 있는).

3 다음 중 밑줄 친 낱말을 알맞게 사용한 친구에게 모두 ○표 하세요.

어휘
적용

제주도는 우리나라에서
가장 큰 <u>산맥</u>이야.

서해는 밀물과 썰물의 차가
커서 <u>해안</u>에 갯벌이
발달했어.

우리나라 <u>지형</u>은 가파른 산이
많은 동쪽은 높고, 평평한 땅이
많은 서쪽은 낮다는 특징이 있어.

(   )

(   )

(   )

4 다음 낱말과 뜻이 비슷한 낱말을 보기 에서 찾아 쓰세요.

> **보기**
>
> 국민, 영토, 해양, 바닷가

(1) 국토 ━ (   )   (2) 해안 ━ (   )

5 다음 글의 밑줄 친 낱말과 뜻이 반대인 낱말은 무엇인가요? (   )

> 밤새 함박눈이 펑펑 내렸다. 아침에 일어나니 온 세상이 하얬다. 우리 가족은 눈썰매를 가지고 뒷산으로 갔다. 나와 오빠는 신나게 썰매를 탔다. <u>가파른</u> 비탈길이어서 썰매가 쌩쌩 내려갔다.

① 느린   ② 복잡한   ③ 완만한
④ 야트막한   ⑤ 울퉁불퉁한

관용 표현

6 다음 글의 내용에 어울리는 한자 성어를 찾아 ○표 하세요.

> 우리 **국토**는 아름다운 자연환경을 가지고 있습니다. 산, 강, 바닷가, 섬 등 **지형**이 다양하고 경치가 뛰어납니다. 또 봄, 여름, 가을, 겨울 사계절이 있습니다. 봄에는 알록달록 피어나는 꽃들, 여름에는 짙푸른 바다, 가을에는 붉은 단풍, 겨울에는 새하얗게 눈 덮인 산봉우리…… 계절마다 그림 같은 풍경이 펼쳐집니다.

(1) 첩첩산중(疊疊山中): 여러 산이 겹치고 겹친 산속.   (   )
(2) 방방곡곡(坊坊曲曲): 한 군데도 빠짐이 없는 모든 곳.   (   )
(3) 금수강산(錦繡江山): 비단에 수를 놓은 것과 같은 산천이라는 뜻으로, 아름다운 우리나라의 자연을 이르는 말.   (   )
(4) 주마간산(走馬看山): 말을 타고 달리며 산천을 구경한다는 뜻으로, 자세히 살피지 않고 대충대충 보고 지나감을 이르는 말.   (   )

독해로
어휘 마무리

오늘의
나의 실력은?
최고야 좋았어 힘내자

3주 2일
정답확인

[7~8] 다음 기행문을 읽고, 물음에 답하세요.

지난주에 우리 가족은 동해안으로 여행을 다녀왔다. 출발하는 날 아침에 엄마가 말씀하셨다.

"오늘은 속초 해수욕장에 가고, 내일 설악산에 갈 거야."

속초 해수욕장에 도착하니 푸른 바다가 눈앞에 펼쳐졌다. 바닷가에는 커다란 대관람차가 있었다. 우리는 대관람차를 타고 높이 올라갔다. 엄마가 창밖을 내다보며 ◆감탄하셨다.

"파도가 치는 (㉠   )이/가 멀리까지 다 보이네!"

대관람차를 타고 난 뒤 해수욕장에서 신나게 물놀이를 했다.

이튿날, 설악산에 갔다. 조금 올라가니 흔들바위가 나왔다. 나는 바위를 흔들어 보고 싶었는데 사람들이 많아서 그냥 지나쳤다. 울산 바위까지 가는 길은 **가팔라서** 힘들었다. 하지만 ◆풍경이 너무나 멋졌다. 죽 이어진 산들을 보며 나도 모르게 "와!" 하고 소리 쳤다.

"설악산은 태백산맥에 솟은 아름다운 산이란다."

아빠는 태백산맥이 우리 (㉡   )에서 가장 큰 **산맥**이라고 알려 주시면서 내가 더 크면 설악산 정상까지 가 보자고 하셨다.

다음 날 집으로 돌아오면서 아름다운 우리나라를 구석구석 여행하고 싶다는 생각이 들었다.

◆**감탄하셨다:** 매우 훌륭하고 좋은 것에 대하여 감동하고 칭찬하셨다.
◆**풍경:** 산이나 들, 강, 바다 등의 자연이나 지역의 모습.

7 ㉠, ㉡에 들어갈 알맞은 낱말을 보기에서 찾아 쓰세요.

보기
국토, 서해, 외국, 해안

(1) ㉠: (   )   (2) ㉡: (   )

8 글쓴이가 여행을 가서 한 일로 알맞은 것을 모두 고르세요. (,   ,   )

① 대관람차를 탔다.
② 설악산 정상까지 올라갔다.
③ 해수욕장에서 물놀이를 했다.
④ 설악산 흔들바위를 흔들어 보았다.
⑤ 울산 바위까지 가면서 멋진 풍경을 보았다.

우리 지역과 관련된 말 ③

✏️ 다음 낱말이 사용된 상황을 보고, 뜻에 맞는 낱말을 써넣어 사전을 완성하세요.

이건 무슨 지도야?

우리가 살고 있는 군 전체를 범위로 삼아 만든 지도야.

이 기호들은 뭐지?

각 장소들을 약속된 그림으로 간략하게 나타낸 거야. 위치를 보니 이 학교 기호가 우리 학교를 표시한 거네.

우리 학교와 과수원의 거리가 매우 가까워.

지도에서 바로 옆에 있어도 축척이 크면 실제로는 가깝지 않아.

이건 뭐야?

동서남북을 나타낸 방위표야. 과수원은 우리 학교의 북쪽에 있네.

어휘 사전

❶ ㄱㄹ (簡 대쪽 간, 略 간략할 략)**하다**
: 간단하고 짤막하다.

❷ ㄱㅎ (記 기록할 기, 號 부르짖을 호)
: 어떠한 뜻을 나타내기 위해 쓰이는 일정한 표시. 비슷한말 부호

❸ ㄷㅅㄴㅂ
(東 동녘 동, 西 서녘 서, 南 남녘 남, 北 북녘 북)
: 동쪽, 서쪽, 남쪽, 북쪽. 또는 모든 방향을 이르는 말.

❹ ㅂㅇ (範 법 범, 圍 둘레 위)
: 일정하게 제한하여 정해진 구역.

❺ ㅈㄷ (地 땅 지, 圖 그림 도)
: 위에서 내려다본 땅의 실제 모습을 일정한 형식으로 줄여서 나타낸 그림.
모양이 같은 말 지도: 선생님이 학생에게 공부나 바른 생활을 가르침.

❻ ㅊㅊ (縮 오그라들 축, 尺 자 척)
: 지도에서 실제 거리를 줄인 정도.

1 다음 낱말의 뜻으로 알맞은 것을 찾아 ○표 하세요.

어휘
확인

간략하다
(1) 간단하고 짤막하다. ( )
(2) 아주 작은 부분까지 구체적이고 분명하다. ( )

범위
(1) 둘레나 끝에 해당되는 부분. ( )
(2) 일정하게 제한하여 정해진 구역. ( )

축척
(1) 지도에서 실제 거리를 줄인 정도. ( )
(2) 지도에서 땅의 높이가 같은 곳을 연결한 선. ( )

2 다음 낱말의 뜻풀이에 들어갈 알맞은 낱말을 보기에서 찾아 쓰세요.

어휘
확인

보기
땅, 방향, 표시

(1) 기호: 어떠한 뜻을 나타내기 위해 쓰이는 일정한 ( ).
(2) 동서남북: 동쪽, 서쪽, 남쪽, 북쪽. 또는 모든 ( )을/를 이르는 말.
(3) 지도: 위에서 내려다본 ( )의 실제 모습을 일정한 형식으로 줄여서
나타낸 그림.

3 다음 중 밑줄 친 낱말을 잘못 사용한 문장은 무엇인가요? ( )

어휘
적용

① 나침반이 있으면 <u>동서남북</u>을 알 수 있다.
② 우리는 스피커에서 흘러나오는 흥겨운 <u>기호</u>에 맞춰 춤을 추었다.
③ 돌고래는 활동 <u>범위</u>가 넓어서 좁은 수족관에서 스트레스를 받는다.
④ 조립 설명서가 너무 <u>간략해서</u> 설명서를 보고 로봇을 만들 수 없었다.
⑤ <u>축척</u>에 따라 지도의 자세한 정도가 달라지는데, 실제 거리를 조금 줄이면 지역을 자세히
보여 주고, 많이 줄이면 더 넓은 지역을 보여 준다.

4 다음 문장에 쓰인 '지도'의 뜻에 알맞게 선으로 이으세요.

(1) 제주도 관광 <u>지도</u>를 보면서 어디 어디를 갈지 정했다. •

• ㉮ 선생님이 학생에게 공부나 바른 생활을 가르침.

(2) 수학 공부를 더 하고 싶은 학생들이 방과 후에 선생님께 학습 <u>지도</u>를 받았다. •

• ㉯ 위에서 내려다본 땅의 실제 모습을 일정한 형식으로 줄여서 나타낸 그림.

5 다음 글에서 밑줄 친 낱말과 뜻이 비슷한 낱말을 찾아 쓰세요.

지도에 건물이나 땅의 모습을 자세하게 그린다면 복잡해서 알아보기 힘들 거예요. 그래서 실제 모습을 단순하게 표현한 부호가 필요해요. 지도에 약속된 <u>기호</u>를 사용하면 쉽고 간단하게 정보를 나타낼 수 있어요.

▲ 다양한 기호가 사용된 지도

(   )

<관용 표현>

6 다음 글에서 밑줄 친 한자 성어의 뜻으로 알맞은 것은 무엇인가요? (   )

북극성은 북쪽 밤하늘에서 밝게 빛나는 별이다. 옛날에 뱃사람들은 바다에서 길을 잃으면 북극성을 찾았다. <u>망망대해</u>라도 북극성을 찾으면 **동서남북** 방향을 알 수 있기 때문이다. 북극성을 바라보고 서 있을 때 오른쪽이 동쪽, 왼쪽이 서쪽, 뒤쪽이 남쪽이다. 언제나 북쪽에 있는 북극성은 지도와 나침반처럼 길잡이 역할을 했다.

① 한 집 한 집마다.
② 한없이 크고 넓은 바다.
③ 매우 조용하고 쓸쓸한 풍경.
④ 질서가 지켜지지 않아 어지러운 세상.
⑤ 특별히 경치가 좋거나 분위기가 좋은 곳.

독해로
어휘 마무리

오늘의
나의 실력은?
최고야 좋았어 힘내자

3주 3일
정답확인

[7~8] 다음 글을 읽고, 물음에 답하세요.

대동여지도는 조선 후기인 1861년에 김정호가 만든 우리나라 **지도**입니다. 그 당시 조선은 지도 만드는 기술이 발달했고 여러 종류의 지도가 있었습니다. 김정호는 이전의 지도와 지리책을 모두 살펴보면서 최고의 지도를 만들기 위해 수십 년간 연구했습니다. 이러한 노력으로 완성된 대동여지도는 우리나라 옛 지도 중 가장 크고 정확합니다.

대동여지도는 우리나라 국토를 120개의 칸으로 나누어 목판에 새겨 만들었습니다. 목판으로 인쇄한 종이 120장을 펼치면 세로 약 6.7m, 가로 약 3.8m의 거대한 전국 지도가 됩니다. 이것을 차곡차곡 접으면 한 권의 책이 되어 가지고 다니기에 편리합니다.

대동여지도는 정확한 **축척**으로 우리 땅의 모습을 자세하게 나타냈습니다. 전국의 산줄기와 강줄기, 지역의 경계를 표시하고 1만 1677개에 달하는 지명을 넣었습니다. 그리고 역, 창고, 성곽 등을 22개의 (㉠   )를 사용해 **간략하게** 나타냈습니다.

대동여지도는 오늘날의 지도와 비교해도 큰 차이가 없는 과학적인 지도입니다.

◆**목판:** 나무에 글이나 그림 등을 새긴 인쇄용 판.

◆**경계:** 서로 다른 두 지역이나 사물이 구분되는 지점.

7 ㉠에 들어갈 낱말로 알맞은 것은 무엇인가요? (   )

① 책   ② 글자   ③ 기호

④ 사진   ⑤ 지도

8 대동여지도에 대한 설명으로 알맞은 것을 모두 고르세요. (,   ,   )

① 조선 후기에 김정호가 만든 지도이다.

② 우리나라 옛 지도 중 가장 크고 정확하다.

③ 전국의 산줄기와 강줄기, 지역의 경계를 표시했다.

④ 전국을 커다란 종이 한 장에 손으로 그려 만들었다.

⑤ 국토의 모습이 오늘날의 지도와 비교하면 큰 차이가 난다.

우리 지역과 관련된 말 ④

✏️ 다음 낱말의 뜻을 보고, 초성에 알맞은 말을 써넣으세요.

전철역이 생기는 위치에 대해 주민들의 생각이 달라 ㄱ ㄷ 이 커지고 있습니다.

갈등을 ㅎ ㄱ 하기 위해 주민들의 의견을 듣고자 자리를 만들었습니다.

교통 문제 해결을 위해 제가 사는 □□동에 전철역을 만들자고 ㅈ ㅇ 합니다.

우리 △△동 주민들 ㅇ ㅈ 에서는 인구가 많은 △△동에 전철역이 생겨야 한다고 생각합니다.

□□동이나 △△동에 전철역을 만들자는 것은 모두 자신의 ㅇ ㅇ 만 생각한 의견입니다.

두 동네 주민들이 ㅌ ㅎ 할 수 있도록 □□동과 △△동의 사이에 전철역을 만들면 어떨까요?

오늘의 어휘

- **갈등**(葛 칡 갈, 藤 등나무 등): 서로 입장이나 생각이 달라 부딪치는 것.
- **이익**(利 이로울 이, 益 더할 익): 물질적으로나 정신적으로 보탬이 되는 것.   비슷한말 이득   반대말 손해
- **입장**(立 설 입, 場 마당 장): 지금 자기가 놓여 있는 상황.   비슷한말 처지
- **제안**(提 끌 제, 案 책상 안)**하다**: 의견이나 안건으로 내놓다.
- **타협**(妥 온당할 타, 協 도울 협)**하다**: 어떤 일을 서로 양보하여 협력해 의논하다.
- **해결**(解 풀 해, 決 결정할 결)**하다**: 사건이나 문제를 풀거나 처리하다.

1 다음 낱말의 뜻에 알맞은 낱말을 찾아 ○표 하세요.

(1) **제안하다** (선물, 의견)이나 안건으로 내놓다.

(2) **갈등** 서로 입장이나 생각이 달라 (부딪치는, 질문하는) 것.

(3) **이익** 물질적으로나 정신적으로 (방해, 보탬)이/가 되는 것.

(4) **타협하다** 어떤 일을 서로 (나누어, 양보하여) 협력해 의논하다.

2 다음 낱말이 들어갈 문장을 찾아 선으로 이으세요.

(1) **갈등** •

• ㉮ 길이 많이 막히는 우리 지역의 문제를 ( )하기 위해 도로를 넓히는 공사를 했다.

(2) **해결** •

• ㉯ 숲을 없애고 마을을 개발하는 데 찬성하는 주민과 반대하는 주민 사이에 심한 ( )이 생겼다.

3 다음 중 밑줄 친 낱말을 알맞게 사용한 친구를 모두 찾아 ○표 하세요.

옆 반 친구들에게
축구 시합을 하자고
제안했어.
( )

바자회에 가져온 물건을
하나도 팔지 못해서
이익을 많이 얻었어.
( )

형이랑 컴퓨터를 서로
하겠다고 싸우다가
컴퓨터 사용 시간을 타협했어.
( )

4 다음 대화의 밑줄 친 낱말과 바꾸어 쓸 수 있는 낱말에 ○표 하세요.

> 아빠: 어린이가 못 들어가는 '노 키즈 존' 식당이 늘어나고 있대요.
> 엄마: 아이들이랑 외식해야 하는 부모 입장은 생각 안 하나 봐요.
> 누나: 어른들끼리만 조용히 밥 먹고 싶은 사람들도 있는걸요.

(결과, 능력, 처지)

5 다음 글에서 뜻이 반대인 낱말 두 개를 찾아 쓰세요.

> 미래시에 있던 쓰레기 처리 시설을 가람시로 옮기기로 하자 가람시 시민들이 반대하고 나섰다. 가람시 시민 김은영 씨는 "미래시는 쓰레기 처리 시설을 옮긴 자리에 공원을 만든다고 해요. 이번 결정으로 미래시는 이익을 얻는데 왜 우리만 손해를 봐야 하는지 모르겠어요."라고 목소리를 높였다.

(,   )

6 다음 글을 읽고, 밑줄 친 속담을 사용할 수 있는 상황으로 알맞은 것에 ○표 하세요.

> '사공'은 노를 저어 배를 조종하는 일을 하는 사람이다. 여러 사람이 저마다 자기 **입장**에서 가고 싶은 방향으로 배를 몰면 어떻게 될까? 결국에는 배가 방향을 잃고 엉뚱한 곳으로 가게 될 것이다. '사공이 많으면 배가 산으로 간다'는 속담은 책임지고 이끄는 사람 없이 여러 사람이 자기주장만 내세우면 배가 물로 못 가고 산으로 가듯 일이 제대로 되기 어려움을 이르는 말이다.

(1) 수미네 가족이 다 함께 집을 대청소해서 힘들지 않게 빨리 끝냈다.   (   )

(2) 엄마가 경호와 동생에게 샌드위치를 똑같이 만들어 주셨는데 경호가 동생 것이 더 맛있어 보인다고 바꾸자고 했다.   (   )

(3) 마을 사람들이 빈 땅을 어떻게 사용할지 정하려고 모였는데 저마다 자기 생각만 내세우다가 아무것도 결정하지 못했다.   (   )

독해로
어휘 마무리

오늘의
나의 실력은?

최고야   좋았어   함내자

3주 4일
정답확인

[7~8] 다음 글을 읽고, 물음에 답하세요.

얼마 전 영경이가 사는 ○○시에서는 한바탕 난리가 났다. 다른 나라에 감염병이 번져서 그 나라에 사는 우리나라 교민들을 ○○시로 대피시킨다는 소식 때문이었다. 교민들은 ○○시에 있는 시설에서 한동안 머문다고 했다. 주민들은 왜 우리 지역으로 오냐며 교민들이 오는 것을 반대했다. 영경이 옆집 할머니도 교민들 때문에 혹시 감염병이 퍼질까 봐 불안해하셨다. 교민들이 오지 못하게 길을 막겠다는 사람도 있었다. 영경이 아버지는 이러다간 주민들과 교민들 사이에 **갈등**이 커지겠다고 걱정하셨다.

그런데 교민들이 오기 며칠 전에 뜻밖의 일이 벌어졌다. 누리 소통망에 ○○시 주민들이 교민들을 따뜻하게 맞이하는 글이 퍼지기 시작했다. 그러자 곧바로 교민들을 환영하는 분위기가 만들어졌다. 영경이 아버지도

"우리가 반대하면 교민들 (㉠   )에서 얼마나 서운하겠니? 같은 대한민국 사람인데 환영해야지."

라고 말씀하셨다. 며칠 뒤, 교민들을 태운 버스가 ○○시에 도착했다. 교민들은 따뜻한 환영에 무척 고마워했다. 영경이는 이번 일로 어려움에 처한 사람을 배려하는 마음이 문제를 **해결**할 수 있다는 것을 알게 되었다.

◆ **교민:** 외국에 나가 살고 있는 자기 나라의 국민.

◆ **대피시킨다는:** 위험이나 피해를 입지 않도록 잠시 피하게 한다는.

7 ㉠에 들어갈 낱말로 알맞은 것을 모두 고르세요. (,   )

① 경험   ② 관계   ③ 입장   ④ 처지   ⑤ 평가

8 ○○시에 생긴 문제 상황은 무엇이고 어떻게 해결되었는지 알맞은 말을 찾아 ○표 하세요.

(1) | 문제 상황 | 감염병이 번진 나라에 사는 교민들이 ○○시에 와서 머물게 되자 주민들이 (환영함, 반대함).

(2) | 해결 | 교민들을 따뜻하게 맞이하는 글이 퍼지면서 ○○시 주민들이 교민들을 (환영함, 반대함).

우리 지역과 관련된 말

✎ 다음 뜻풀이를 보고, 십자말풀이를 완성하세요.

➡ 가로

1 어떤 물품을 만들어 내는 곳이나 물품이 저절로 생겨나는 곳.

3 의견이나 안건으로 내놓다.

6 산과 산 사이에 산골짜기가 많은 곳.

8 어떤 일을 서로 양보하여 협력해 의논하다.

9 사람이 많이 사는 지방이나 지역.

⬇ 세로

2 위에서 내려다본 땅의 실제 모습을 일정한 형식으로 줄여서 나타낸 그림.

4 바다와 육지가 맞닿은 부분.

5 산이나 길이 몹시 기울어져 있다.

7 간단하고 짤막하다.

10 지금 자기가 놓여 있는 상황.

[1~2] 다음 글의 밑줄 친 낱말과 뜻이 비슷한 낱말을 찾아 √표 하세요.

1

우리가 살고 있는 지역마다 주민 전체의 <u>이익</u>을 위해 나라에서 세운 공공 기관이 있습니다. 경찰서, 보건소, 주민 센터, 우체국 등의 공공 기관에서는 지역 주민들이 안전하고 편리하게 생활할 수 있도록 여러 가지 일을 합니다.

① 계산　　　② 범위　　　③ 손실　　　④ 손해　　　⑤ 이득

2

거제도에 있는 흑진주 몽돌해수욕장에 왔다. 대개 <u>바닷가</u>에는 하얀 모래사장이 펼쳐져 있지만 이곳에는 매끈하고 까만 조약돌이 무수히 깔려 있다. 파도가 밀려와 몽돌에 부딪히자 자그락자그락 아름다운 소리가 났다.

① 고장　　　② 국토　　　③ 산맥　　　④ 해안　　　⑤ 지형

[3~4] 다음 관계의 두 낱말을 찾아 기호를 쓰세요.

3

지도는 평평한 종이인데 땅의 높낮이를 어떻게 나타낼까? 색깔과 등고선으로 나타낸다. 등고선이란 높이가 ㉠<u>같은</u> 곳을 연결하여 땅의 높낮이를 나타낸 선이다. 땅의 높이가 높을수록 색이 ㉡<u>진하다</u>. 또 등고선의 간격은 ㉢<u>가파를수록</u> 좁아지고 ㉣<u>완만할수록</u> 넓어진다. 따라서 높고 험한 산의 꼭대기 부분은 지도에서 진한 고동색으로 표시되고 등고선의 간격도 ㉤<u>좁게</u> 나타난다.

• 뜻이 반대인 낱말: ☐ ↔ ☐

4

독도는 우리나라 ㉠<u>국토</u>의 동쪽 끝에 있습니다. ㉡<u>섬</u> 전체가 천연기념물로 지정되어 보호받습니다. 일본이 독도를 자기네 땅이라고 우기는데 독도는 분명하게 대한민국의 ㉢<u>영토</u>입니다. 현재 대한민국 ㉣<u>국민</u>이 살고 있고, 대한민국 경찰인 독도경비대가 독도를 지키고 있습니다. 우리 모두 독도에 ㉤<u>관심</u>을 갖고 사랑하는 마음을 가집시다.

• 뜻이 비슷한 낱말: ☐ — ☐

[5~6] 다음 글의 ⬭ 에 들어갈 낱말을 찾아 ○표 하세요.

5

우리나라의 ⎡ 기호 ⎹ 위치 ⎹ 축적 ⎤ 은/는 아시아 대륙의 동쪽이고, 주변에 중국, 러시아, 일본 등의 나라가 있다. 우리나라는 한 면이 대륙에 연결되어 있고 삼면이 바다로 둘러싸여 있어서 대륙과 바다로 모두 나아가기 쉽다.

6

햇빛아파트는 재활용 쓰레기를 버릴 수 있는 날이 월요일부터 금요일까지 일주일에 5일이에요. 그런데 관리실에서 쓰레기장 관리가 힘들다며 이제 월요일에만 재활용 쓰레기를 내놓으라고 했어요. 아파트 주민들은 집에 쓰레기를 쌓아 두면 불편하다고 반대했어요. 양쪽의 의견이 맞선 가운데 주민 대표와 관리실 소장이 만났어요. 둘은 대화를 나누고 ⎡ 상상하며 ⎹ 실천하며 ⎹ 타협하며 ⎤ 의견을 조정했어요. 그 결과 재활용 쓰레기 버리는 날이 월, 수, 금 3일로 정해졌어요.

[7~8] 다음 글의 밑줄 친 낱말을 넣어 문장을 만들어 쓰세요.

요즘 해솔초등학교 6학년 학생들은 점심시간에 학교 운동장에서 축구를 한다. 그런데 공을 몰고 뛰다가 지나가는 아이들과 부딪치거나, 다른 아이들의 놀이를 방해하는 일이 자주 일어났다. 또 1, 2학년 학생들은 운동장에서 마음껏 뛰어놀 수 없어서 불만이었다. 이 일로 학생들 사이에 <u>갈등</u>이 생기자 6학년 학급에서는 회의가 열렸다.

"학년별로 운동장에서 뛰어놀 수 있는 시간을 정합시다."

"축구하는 날을 정해서 다른 학년에 알려 줍시다."

학생들은 전교생이 사이좋게 운동장을 사용할 수 있는 방법을 여러 가지 <u>제안했다</u>.

7 **갈등** : 서로 입장이나 생각이 달라 부딪치는 것.

_____

8 **제안하다** : 의견이나 안건으로 내놓다.

_____

한 걸음 더!

오늘의
나의 실력은?

최고야   좋았어   힘내자

3주 5일
정답확인

○ '國'(국)이 들어간 낱말은 '나라'와 관련 있어요. '國'(국)이 들어간 낱말을 알아보아요.

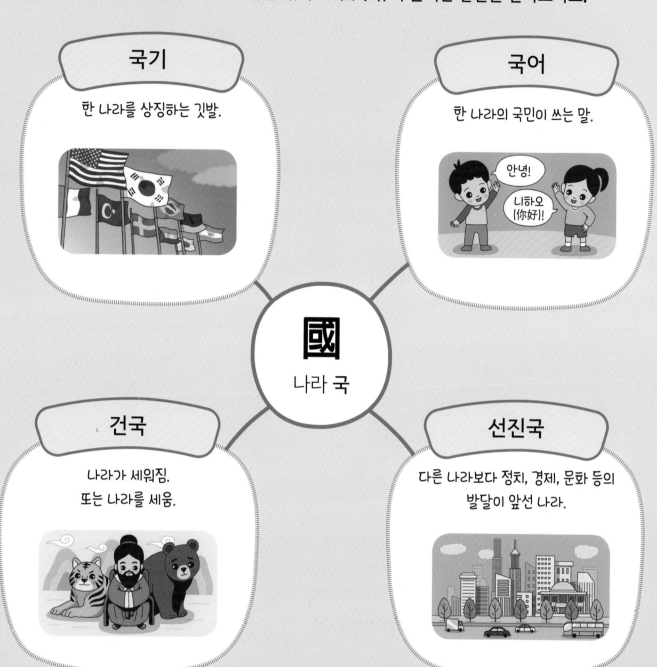

국기

한 나라를 상징하는 깃발.

국어

한 나라의 국민이 쓰는 말.

안녕!

니하오
(你好)!

國
나라 국

건국

나라가 세워짐.
또는 나라를 세움.

선진국

다른 나라보다 정치, 경제, 문화 등의
발달이 앞선 나라.

 Q 다음 문장에 알맞은 낱말을 찾아 ○표 하세요.

(1) 캐나다는 영어와 프랑스어를 (국기, 국어)로 사용한다.

(2) 알에서 태어난 박혁거세가 신라를 세웠다는 (건국, 선진국) 신화를 읽었다.

(3) 우리나라를 비롯한 여러 (국어, 선진국)에서 전기 자동차 개발에 힘을 쏟고 있다.

시대별 삶의 모습과 관련된 말 ①

✏️ 다음 낱말의 뜻을 보고, 밑줄 친 낱말을 알맞게 사용한 친구에게 ○표 하세요.

풍속(風 바람 풍, 俗 풍속 속)

옛날부터 전해 오는 생활 습관. **비슷한말** 풍습
예 추석에는 보름달을 보면서 소원을 비는 <u>풍속</u>이 있다.

전통(傳 전할 전, 統 거느릴 통)

지난 시대부터 전해 내려오면서 고유하게 만들어진 사상, 관습, 행동 등의 양식.
예 우리나라에는 윷놀이, 제기차기, 연날리기, 투호 등 다양한 <u>전통</u> 놀이가 있다.

의례(儀 거동 의, 禮 예도 례)

행사를 치르는 일정한 형식과 절차. 또는 정해진 형식과 절차에 따라 치르는 행사. **비슷한말** 의식
예 결혼식은 예로부터 중요한 <u>의례</u>로 여겨졌다.

의식주(衣 옷 의, 食 먹을 식, 住 살 주)

사람이 사는 데 기본적인 요소인 옷과 음식과 집을 통틀어 이르는 말.
예 흥부네는 무척 가난해서 하루하루 <u>의식주</u> 걱정을 했다.

농경(農 농사 농, 耕 밭갈 경)

논밭을 갈아 농사를 지음.
비슷한말 경작
예 우리 조상들은 벼농사와 밭농사를 지으며 <u>농경</u> 생활을 했다.

온돌(溫 따뜻할 온, 突 부딪칠 돌)

방바닥 아래에 넓은 돌을 여러 개 놓고 이 돌을 따뜻하게 데워 방을 덥히는 장치.
비슷한말 방구들
예 <u>온돌</u> 덕분에 바닥이 따뜻하다.

<u>온돌</u>이 있으면 여름철에 집이 시원해.

( )

햄버거와 피자는 우리의 <u>전통</u> 음식이야.

( )

<u>농경</u> 기술이 발달하면 곡식을 많이 얻을 수 있어.

( )

1 다음 뜻에 알맞은 낱말을 보기에서 찾아 기호를 쓰세요.

어휘
확인

보기
ㄱ 온돌   ㄴ 의례   ㄷ 풍속   ㄹ 의식주

(1) 옛날부터 전해 오는 생활 습관. ( )

(2) 사람이 사는 데 기본적인 요소인 옷과 음식과 집을 통틀어 이르는 말.
( )

(3) 방바닥 아래에 넓은 돌을 여러 개 놓고 이 돌을 따뜻하게 데워 방을 덥히는 장치.
( )

(4) 행사를 치르는 일정한 형식과 절차. 또는 정해진 형식과 절차에 따라 치르는 행사.
( )

2 다음 낱말이 들어갈 문장을 찾아 선으로 이으세요.

어휘
적용

(1) 전통 •

• ㉮ 거문고, 가야금, 장구, 꽹과리 등은 우리의 ( ) 악기이다.

(2) 의식주 •

• ㉯ 시대와 환경에 따라 사람들이 입는 옷, 먹는 음식, 사는 집 등 ( )이/가 달라진다.

3 다음 글의 ㉠, ㉡에 들어갈 낱말이 모두 알맞은 것은 무엇인가요? ( )

어휘
적용

농사를 지으며 살아가는 (㉠) 사회에서는 날씨가 무척 중요합니다. 태풍이 오거나 가뭄이 드는 등 날씨가 좋지 않으면 농사를 망치기 때문입니다. 그래서 옛날 사람들은 계절에 따라 다양한 (㉡)을/를 치렀습니다. 씨를 뿌리는 봄에는 한 해 농사가 잘되기를 빌고, 곡식을 수확하는 가을에는 농사의 신에게 감사하는 축제를 열었습니다.

	㉠	㉡		㉠	㉡		㉠	㉡
①	의례	농경	②	풍속	온돌	③	농경	의례
④	농경	온돌	⑤	전통	의식주			

4 다음 대화의 밑줄 친 낱말과 뜻이 비슷한 낱말은 무엇인가요? (   )

> 민규: '세시 풍속'이 뭐예요?
> 아빠: 해마다 일정한 시기에 되풀이하여 해 온 고유의 <u>풍속</u>을 말해.
> 엄마: 민규가 설날에 세배하고 떡국 먹는 것도 세시 풍속 중 하나란다.

① 명절   ② 역사   ③ 전설
④ 풍습   ⑤ 풍악

5 다음 글의 (   )에서 알맞은 낱말을 찾아 ○표 하세요.

> 온돌은 우리 조상들이 사용한 난방 방법으로 (굴뚝, 댓돌, 방구들)이라고도 한다. 부엌 아궁이에 불을 피우면 뜨거운 열기가 방 아래의 돌을 데워 방바닥이 따뜻해진다. 온돌은 방바닥을 골고루 덥혀 주고 오랜 시간 동안 식지 않는 훌륭한 난방 방법이다. 오늘날의 보일러도 이 온돌의 원리를 이용한 것이다.

6 다음 글의 빈칸에 들어갈 한자 성어로 알맞은 것에 ○표 하세요.

> 추석은 우리나라의 대표적인 명절이에요. 추석에는 송편을 만들어 먹고 조상의 산소에 찾아가 성묘를 해요. 또 달맞이와 강강술래를 하는 **풍속**이 있어요. 추석은 한 해 동안 가꾼 곡식과 과일을 수확하는 가을 무렵이에요. (   )이/가 풍성해서 어느 명절보다도 즐겁고 풍요롭게 보낼 수 있었지요.

(1) 오곡백과(五穀百果): 온갖 곡식과 과일.   (   )

(2) 유언비어(流言蜚語): 아무 근거 없이 널리 퍼진 소문.   (   )

(3) 팔방미인(八方美人): 여러 가지 일에 재주가 있는 사람.   (   )

독해로
어휘 마무리

오늘의
나의 실력은?

최고야   좋았어   힘내자

4주 1일
정답확인

[7~8] 다음 견학 기록문을 읽고, 물음에 답하세요.

국립민속박물관에 다녀왔다. 3개의 전시관을 둘러보았는데, 전시관의 주제가 1전시관은 '한국인의 하루', 2전시관은 '한국인의 일 년', 3전시관은 '한국인의 일생'이었다.

1전시관에 들어가니 조선 시대 양반과 백성이 생활하는 방을 꾸며 놓았다. 선비 방에는 책과 책상, 부녀자 방에는 바느질할 때 쓰는 물건, 농부의 방에는 메주와 바구니가 놓여 있었다. 신분과 하는 일에 따라 방 안 모습과 사용하는 물건들이 달랐다.

2전시관에는 세시 **풍속**과 계절에 따른 생활 모습이 전시되어 있었다. 봄에 논밭을 갈 때 쓰는 쟁기, 가을에 곡식을 수확할 때 사용하는 탈곡기 등 농기구가 많았다. 내 눈길을 끈 것은 짚으로 만든 도롱이였다. 긴 망토 같이 생겼는데 여름에 비가 올 때 걸치는 비옷이라고 했다.

▲ 삿갓과 도롱이

3전시관에서는 태어나서 죽을 때까지 겪는 일들을 돌잔치, 결혼식, 환갑잔치, 장례식 등의 **의례**를 중심으로 전시했다. 그중 (㉠) 혼례식은 오늘날의 결혼식 모습과 완전히 달랐다. 그 모습을 보니 우리의 일상생활에서 전통문화가 많이 사라진 것을 느낄 수 있었다.

국립민속박물관을 견학하고 우리 조상들의 (㉡)와/과 생활 모습에 대해 많이 알게 되었다.

◆ **일생**: 세상에 태어나서 죽을 때까지의 동안.
◆ **환갑잔치**: 사람이 태어난 지 만 육십 년이 되는 예순 번째 생일에 하는 잔치.

7 ㉠, ㉡에 들어갈 낱말이 모두 알맞은 것에 ○표 하세요.

(1) ㉠: 온돌, ㉡: 명절 … (   )   (2) ㉠: 농경, ㉡: 의식주 … (   )

(3) ㉠: 전통, ㉡: 온돌 … (   )   (4) ㉠: 전통, ㉡: 의식주 … (   )

8 글쓴이가 국립민속박물관에서 본 것을 모두 고르세요. (,   ,   )

① 임금이 입던 옷   ② 짚으로 만든 도롱이

③ 쟁기, 탈곡기 등의 농기구   ④ 조선 시대 양반을 그린 초상화

⑤ 선비, 부녀자, 농부가 생활하는 방

시대별 삶의 모습과 관련된 말 ②

✏️ 다음 낱말이 사용된 상황을 보고, 초성에 알맞은 낱말을 써넣어 짧은 글을 완성하세요.

봉산 탈춤, 북청 사자놀이와 같은 탈놀이는 우리나라의 고유한 전통문화야.

탈놀이를 계승하기 위해 하회 별신굿 탈놀이로 유명한 안동에서 해마다 안동 국제 탈춤 축제가 열려.

탈놀이는 우리 조상들이 창조한 소중한 문화유산이구나. 공연을 보니 전통문화를 지키고 발전시켜야겠다는 생각이 들어.

오늘의 어휘

- **계승(繼 이을 계, 承 받들 승)하다:** 조상의 전통이나 문화유산, 업적 등을 물려받아 이어 나가다.
  비슷한말 이어받다

- **고유(固 굳을 고, 有 있을 유)하다:** 본래부터 지니고 있는 것으로 다른 것과 다르다.

- **발전(發 필 발, 展 펼 전)시키다:** 더 낫고 좋은 상태나 더 높은 단계로 나아가게 하다.

- **소중(所 바 소, 重 무거울 중)하다:** 매우 귀하고 중요하다.
  비슷한말 귀중하다

- **지키다:** 빼앗기거나 잃지 않게 보호하거나 감시하여 막다.

- **창조(創 비롯할 창, 造 지을 조)하다:** 전에 없던 것을 처음으로 만들다. 반대말 모방하다

📝 **짧은 글짓기**

1. 김장은 우리 민족의 [ㄱ] [ㅇ] 한 음식 문화입니다.

2. 우리의 우수한 전통문화를 [ㄱ] [ㅅ] 하여 세계에 널리 알립시다.

3. 멋쟁이 서준이는 새로운 옷차림으로 우리 반의 유행을 [ㅊ] [ㅈ] 합니다.

1 다음 낱말의 뜻에 알맞은 낱말을 찾아 ○표 하세요.

어휘
확인

(1) 소중하다   매우 (작고, 귀하고) 중요하다.

(2) 창조하다   전에 없던 것을 처음으로 (만들다, 연구하다).

(3) 발전시키다   더 낫고 좋은 상태나 더 (낮은, 높은) 단계로 나아가게 하다.

(4) 계승하다   (조상, 외국)의 전통이나 문화유산, 업적 등을 물려받아 이어 나가다.

2 다음 문장에 어울리는 낱말을 보기에서 찾아 빈칸에 쓰세요.

어휘
적용

보기
고유한, 지키는, 발전시킨

(1) 한글은 우리나라의 (   ) 글자이다.
(2) 나라를 (   ) 군인들에게 감사한 마음을 가져야 한다.
(3) 많은 과학자들이 과학 기술을 (   ) 덕분에 우리 생활이 더욱 편리해
     졌다.

3 다음 중 밑줄 친 낱말을 알맞게 사용한 친구에게 모두 ○표 하세요.

어휘
적용

필통을 안 가져왔는데 친구가 연필을 <u>계승해</u> 줬어.

돌아가신 할머니께서 주신 선물을 <u>소중하게</u> 간직하고 있어.

누나가 새로운 맛을 <u>창조한다고</u> 물 대신 우유를 넣고 라면을 끓였어.

 (   )   (   )    (   )

4 다음 글의 밑줄 친 낱말과 뜻이 반대인 낱말은 무엇인가요? (   )

> 조상들은 우리 민족만의 고유하고 수준 높은 문화를 <u>창조하였습니다</u>. 판소리, 탈놀이, 석굴암, 수원 화성, 조선왕조실록 등은 세계적으로도 인정받은 뛰어난 문화유산입니다.

① 본받았습니다   ② 뛰어넘었습니다   ③ 모방하였습니다
④ 제조하였습니다   ⑤ 창작하였습니다

5 다음 글에서 밑줄 친 낱말과 뜻이 비슷한 낱말을 찾아 쓰세요.

> 우리 집안은 대대로 전통 가구를 만들어 왔다. 아버지께서는 집안의 일을 <u>계승해서</u> 오늘도 열심히 전통 가구를 만들고 계신다. 할아버지께서는 아들이 가업을 이어받아서 기쁘다고 늘 말씀하신다. 나는 전통을 지켜 나가는 우리 가족이 자랑스럽다.

(   )

관용 표현

6 다음 글의 내용에 어울리는 한자 성어를 찾아 ○표 하세요.

> 한복은 우리나라의 **고유한** 전통 의상이다. 옷의 형태가 아름답고 색이 무척 곱다. 최근엔 전통 한복을 요즘 사람들의 생활에 맞게 바꾼 생활한복이 인기이다. 생활한복은 활동하기 편하게 치마의 길이를 짧게 하는 등 옷의 형태를 바꾸고, 색과 디자인에 변화를 주었다. 전통 한복을 **계승하면서** 새로운 아름다움을 더한 생활한복에 외국인들도 높은 관심을 보이고 있다.

(1) 전화위복(轉禍爲福): 재앙과 근심, 걱정이 바뀌어 오히려 복이 됨.   (   )

(2) 견물생심(見物生心): 물건을 실제로 보면 가지고 싶은 욕심이 생김.   (   )

(3) 온고지신(溫故知新): 옛것을 익혀서 그것을 통해 새로운 것을 알게 됨.   (   )

독해로
어휘 마무리

오늘의
나의 실력은?

최고야 좋았어 힘내자

4주 2일
정답확인

[7~8] 다음 면담을 보고, 물음에 답하세요.

△△어린이신문 기자가 문화재 보존가 김선영 선생님을 만나 면담했습니다.

기자: 선생님, 안녕하세요? 문화재 보존가는 어떤 일을 하나요?

선생님: 우리 조상들이 만든 건축물, 서적, 미술품 등은 오랜 세월을 거쳐 오면서 깨지거나 상해요. 문화재 보존가는 낡고 망가진 문화재를 고치고 원래 모습대로 되살리는 일을 해요. 또 더 이상 망가지지 않게 보존하는 일도 해요.

기자: 망가진 문화재를 어떻게 복원하나요?

선생님: 먼저 과학적인 기술을 이용해 문화재를 살펴봐요. 옛날에 어떤 재료와 방법으로 만들었는지, 왜 망가졌는지를 알아내야 제대로 되살릴 수 있어요. 알맞은 재료와 방법을 정하면 금 간 곳은 붙이고 부서진 부분은 다시 만드는 등 여러 장비와 약품을 사용해 복원해요.

기자: 문화재 보존가로서 어린이들에게 하고 싶은 말은 무엇인가요?

선생님: 2008년에 국보인 숭례문에 불이 났어요. 불타 무너진 숭례문을 보고 많은 사람이 안타까워하면서 (㉠) 문화재를 잘 **지켜야겠다고** 생각했어요. 우리의 문화유산을 **계승하기** 위해 어린이들이 문화재에 많은 관심을 가졌으면 좋겠어요.

✦ **복원하나요:** 원래대로 회복하나요.
✦ **국보:** 나라에서 지정하여 법률로 보호하는 문화재.

7 ㉠에 들어갈 알맞은 낱말을 모두 찾아 ○표 하세요.

| 흔한 | 귀중한 | 소중한 | 엄청난 |

8 문화재 보존가가 하는 일로 알맞은 것을 모두 고르세요. (,   )

① 문화재를 박물관에 전시하는 일
② 여러 문화재 중에서 국보를 정하는 일
③ 문화재가 더 이상 망가지지 않게 보존하는 일
④ 어린이들이 문화재에 관심을 갖도록 교육하는 일
⑤ 낡고 망가진 문화재를 고치고 원래 모습으로 되살리는 일

시대별 삶의 모습과 관련된 말 ❸

✍️ 다음 낱말이 사용된 상황을 보고, 뜻에 맞는 낱말을 써넣어 사전을 완성하세요.

우리나라는 육이오 전쟁 후 짧은 기간에 급속한 발전을 이루었단다.

도시화가 진행되어 많은 사람들이 도시에 와서 정착하였고, 큰 도시 주변으로 신도시도 생겨났지.

도시는 교통과 문화, 교육 등이 발달했어. 하지만 건물들이 지나치게 밀집되어 있고 환경 오염이 심한 것은 문제란다.

도시의 문제를 해결하고 낙후된 지역을 좋게 바꾸기 위해 많은 사람들이 애쓰고 있지.

어휘 사전

❶ ⬜ㄱ⬜ ⬜ㅅ⬜ (急 급할 급, 速 빠를 속)**하다**
: 급하고 빠르다.

❷ ⬜ㄴ⬜ ⬜ㅎ⬜ (落 떨어질 낙, 後 뒤 후)**되다**
: 기술, 문화, 생활 등이 일정한 기준에 미치지 못하고 뒤떨어지게 되다.

❸ ⬜ㅁ⬜ ⬜ㅈ⬜ (密 빽빽할 밀, 集 모을 집)**되다**
: 빈틈없이 빽빽하게 모이다.

❹ ⬜ㅂ⬜ ⬜ㄷ⬜ (發 필 발, 達 통할 달)**하다**
: 문명, 학문, 기술, 산업 등이 더 높은 수준에 이르다.

❺ ⬜ㅅ⬜ ⬜ㄷ⬜ ⬜ㅅ⬜ (新 새로울 신, 都 도읍 도, 市 시장 시): 대도시 근처에 계획적으로 만든 새 도시.

❻ ⬜ㅈ⬜ ⬜ㅊ⬜ (定 정할 정, 着 붙을 착)**하다**
: 일정한 곳에 자리를 잡아 머물러 살다. **반대말** 유랑하다

1 다음 낱말의 뜻에 알맞게 선으로 이으세요.

(1) 밀집되다 •

(2) 급속하다 •

(3) 정착하다 •

• ㉮ 급하고 빠르다.

• ㉯ 빈틈없이 빽빽하게 모이다.

• ㉰ 일정한 곳에 자리를 잡아 머물러 살다.

2 다음 낱말의 뜻으로 알맞은 것을 찾아 ○표 하세요.

신도시
(1) 대도시 근처에 계획적으로 만든 새 도시.   (   )
(2) 도시의 문화가 전해져서 도시가 아닌 곳이 도시처럼 변하는 것.
(   )

낙후되다
(1) 문명, 학문, 기술, 산업 등이 더 높은 수준에 이르다.   (   )
(2) 기술, 문화, 생활 등이 일정한 기준에 미치지 못하고 뒤떨어지게 되다.
(   )

3 다음 문장에 어울리는 말을 보기 에서 찾아 빈칸에 쓰세요.

보기

급속, 낙후, 밀집

(1) 학원이 (   )된 거리에 학생들이 많이 오가고 있다.

(2) 시에서는 오래되고 (   )된 집들을 허물고 새로 짓기로 했다.

(3) 젊은이들이 일자리를 찾아 모두 도시로 떠나자 마을 인구가 (   )하게
줄었다.

4 다음 중 빈칸에 '발달'이 들어가기에 알맞은 문장을 모두 찾아 기호를 쓰세요.

_{어휘}
_{적용}

> ㉠ 재호는 1년 동안 키가 10센티미터나 (   )했다.
> ㉡ 오늘날은 의학이 (   )하여 사람의 평균 수명이 늘어났다.
> ㉢ 도시는 교통과 산업이 (   )하고 사람이 많이 사는 곳에 위치한다.

(,   )

5 다음 글의 밑줄 친 낱말과 뜻이 반대인 낱말은 무엇인가요? (   )

_{어휘}
_{확장}

> 김병연은 과거에 급제했지만 모든 것을 버리고 고향을 떠났다. 큰 삿갓을 쓰고 다녀서 '김삿갓'으로 불렸다. 김삿갓은 전국을 떠돌아다니면서 수많은 시를 남겼다. 힘든 삶을 사는 백성들을 위로하고, 백성들을 괴롭히는 부자와 양반을 비웃는 시를 썼다. 김삿갓은 죽을 때까지 어느 한 곳에 <u>정착하지</u> 않았다. 평생 백성들의 벗이 되어 기쁨과 슬픔을 함께 나누었다.

① 머물지   ② 옮기지   ③ 주저앉지
④ 유랑하지   ⑤ 정체하지

관용 표현

6 다음 글에서 밑줄 친 관용어의 뜻으로 알맞은 것에 ○표 하세요.

> 인구가 **밀집된** 도시에는 여러 가지 문제가 발생해요. 차가 많아 길이 막히고, 공기 오염 같은 환경 문제가 생기지요. 쓰레기 문제도 심각해요. 도시에 사는 수많은 사람들이 버리는 쓰레기가 하루에 수백 톤에 달하는데, 쓰레기를 묻을 곳이나 처리할 시설이 부족해서 <u>골머리를 앓고</u> 있어요.

(1) 몹시 안타깝게 기다리고.   (   )
(2) 여러 번 말해도 받아들이지 않아 말한 보람이 없고.   (   )
(3) 어떻게 해야 할지 몰라서 머리가 아플 정도로 생각하고.   (   )

[7~8] 다음 글을 읽고, 물음에 답하세요.

성희는 시골 마을에서 태어났습니다. 성희가 일곱 살 때 성희네는 아버지의 회사가 있는 서울로 이사했습니다. 우리나라에서 가장 큰 도시인 서울은 예전에 살던 마을과 완전히 달랐습니다. 거리엔 높은 빌딩이 즐비하고 음식점과 상점이 많았습니다. 전철이나 버스 같은 대중교통도 (㉠   ). 그런데 할머니께서는 서울을 별로 좋아하지 않으셨습니다.

"서울은 사람 많고 차도 많고 너무 정신이 없구나. 난 조용하고 공기 좋은 시골이 더 좋다."

2년 뒤 성희네는 서울 주변에 생긴 **신도시**로 집을 옮겼습니다. 아파트가 **밀집된** 신도시에는 곳곳에 공원이 있었습니다. 또 낡고 **낙후된** 곳 없이 생활하는 데 필요한 시설들을 잘 갖추고 있었습니다.

"할머니, 이 동네는 어때요?"

성희가 할머니께 여쭈어보았습니다.

"넓은 공원이 가까이 있어서 좋네. 우리 성희랑 자주 산책해야겠다."

할머니께서는 이사 온 동네에 만족하셨습니다. 할머니처럼 성희도 새 동네가 좋았습니다. 아파트 놀이터와 새로 지은 학교가 마음에 쏙 들었답니다.

◆ **즐비하고:** 빽빽하게 줄지어 늘어서 있고.

◆ **상점:** 일정한 시설을 갖추고 물건을 파는 곳.

7 ㉠에 들어갈 낱말로 알맞은 것은 무엇인가요? (   )

① 드물었습니다   ② 발달했습니다   ③ 비슷했습니다

④ 필요했습니다   ⑤ 뒤떨어졌습니다

8 성희가 산 곳은 어디인지 빈칸에 차례대로 쓰세요.

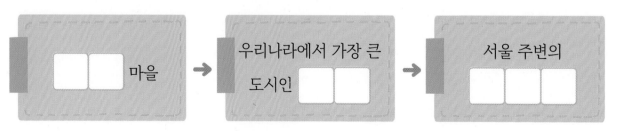

□□ 마을 → 우리나라에서 가장 큰 도시인 □□ → 서울 주변의 □□□

시대별 삶의 모습과 관련된 말 ④

✏️ 다음 낱말의 뜻을 보고, 초성에 알맞은 말을 써넣으세요.

오늘의 어휘

- **고령화**(高 높을 고, 齡 나이 령, 化 될 화): 전체 인구에서 노인이 차지하는 비율이 높아지는 것.
- **다문화**(多 많을 다, 文 글월 문, 化 될 화): 한 사회 안에 여러 민족이나 여러 나라의 문화가 섞여 있는 것.
- **대체**(代 대신할 대, 替 바꿀 체)**하다**: 비슷한 다른 것으로 바꾸다.   비슷한말 교체하다, 대신하다
- **여가**(餘 남을 여, 暇 겨를 가): 일이 없어 남는 시간.
- **예상**(豫 미리 예, 想 생각 상)**하다**: 어떤 일이 있기 전에 미리 짐작하여 생각하다.
   비슷한말 예측하다, 전망하다
- **진입**(進 나아갈 진, 入 들 입)**하다**: 목적한 장소나 상태에 들어서다.

1 다음 낱말의 뜻풀이에 들어갈 알맞은 낱말을 보기에서 찾아 쓰세요.

어휘
확인

> **보기**
>
> 노인, 문화, 시간, 장소

(1) 여가: 일이 없어 남는 (   ).

(2) 진입하다: 목적한 (   )(이)나 상태에 들어서다.

(3) 고령화: 전체 인구에서 (   )이/가 차지하는 비율이 높아지는 것.

(4) 다문화: 한 사회 안에 여러 민족이나 여러 나라의 (   )이/가 섞여 있
  는 것.

2 다음 중 밑줄 친 낱말을 잘못 사용한 문장은 무엇인가요? (   )

어휘
적용

① 요리에 넣을 꿀이 없어서 설탕으로 대체했다.

② 어제 놀이공원에 갔던 일을 예상해 그림을 그렸다.

③ 우리 집은 아빠가 한국 사람이고 엄마가 일본 사람인 다문화 가정이다.

④ 우리 기술로 우주에 쏘아 올린 누리호가 무사히 목표 궤도에 진입했다.

⑤ 고령화 사회에서는 노인정, 노인 전문 병원 등 노인을 위한 시설이 늘어난다.

3 다음 빈칸에 공통으로 들어갈 낱말을 쓰세요.

어휘
적용

- 요즘은 일이 너무 바빠서 ☐☐가 없다.

- 고모는 ☐☐를 이용해 피아노를 배운다.

- 공원 잔디밭에서 사람들이 편안하게 ☐☐를 즐기고 있다.

(   )

4 다음 글의 밑줄 친 낱말과 뜻이 비슷한 낱말에 모두 ○표 하세요.

> 석유는 인간이 생활하는 데 없어서는 안 되는 자원입니다. 그런데 땅속에 묻혀 있는 석유는 앞으로 수십 년이면 바닥이 납니다. 게다가 석유를 에너지로 사용하는 과정에서 환경이 오염됩니다. 세계 여러 나라에서는 석유를 <u>대체할</u> 자원을 찾는 데 힘을 쏟고 있습니다.

(1) 교체할 (   )　　　(2) 대신할 (   )　　　(3) 보충할 (   )

5 다음 대화의 밑줄 친 낱말과 뜻이 비슷한 낱말은 무엇인가요? (   )

> 주노: 꽃별초등학교가 문을 닫는대요.
> 엄마: 입학하는 학생이 없어서 그렇단다. 우리나라에서 태어나는 아기의 수가 줄고 있어.
> 주노: 그럼 앞으로 문을 닫는 초등학교가 더 생기겠네요?
> 엄마: 안타깝게도 그렇게 될 것으로 <u>예상할</u> 수 있지.

① 결정할　　　② 기억할　　　③ 예측할　　　④ 의심할　　　⑤ 확신할

6 다음 글을 읽고, 밑줄 친 속담을 알맞게 사용한 친구에게 모두 ○표 하세요.

> 옛날에는 설날에 끓여 먹는 떡국에 꿩고기를 넣었다. 그런데 꿩고기는 구하기 어려웠기 때문에 꿩고기와 비슷한 닭고기를 사용하는 경우가 많았다. '꿩 대신 닭'은 닭고기가 꿩고기를 **대체한** 데서 나온 속담으로, 적당한 것이 없을 때 그와 비슷한 것으로 대신하는 경우를 이르는 말이다.

(1) 솔아: 사고 싶던 치마가 다 팔려서 아쉬워했더니 엄마가 <u>꿩 대신 닭</u>이라고 반바지를 사 주셨어. (   )

(2) 유민: <u>꿩 대신 닭</u>이라더니 평소에는 지우개가 책상에 두세 개씩 있더니 필요할 때는 어디로 갔는지 없네. (   )

(3) 경호: 아빠랑 중국집에 짜장면을 먹으러 갔는데 문을 닫은 거야. 그래서 <u>꿩 대신 닭</u>이라고 집에 와서 짜장 라면을 끓여 먹었어. (   )

독해로
어휘 마무리

오늘의
나의 실력은?

최고야 좋았어 함내자

4주 4일
정답확인

[7~8] 다음 주장하는 글을 읽고, 물음에 답하세요.

우리 반에는 (㉠) 가정 친구들이 있다. 혜리는 엄마가 베트남 사람이고, 수호는 아빠가 인도 사람이다. 그런데 몇몇 아이들은 혜리와 수호를 놀리고 같이 놀지 않는다. 또 어떤 아이들은 혜리와 수호 부모님의 나라인 베트남과 인도에 대해 함부로 말하기도 한다. 나는 이런 행동이 잘못이라고 생각한다. 피부색과 생김새가 조금 다르다고 친구를 놀리고 차별하는 것은 옳지 않다. 그리고 다른 나라도 우리나라와 똑같이 존중해야 한다. 베트남, 인도와 우리나라는 서로 다를 뿐이지 더 좋고 나쁜 나라는 없기 때문이다.

선생님께서는 혜리네와 수호네 같은 **다문화** 가정이 늘어나고 있다고 말씀하셨다. 또 우리나라에서 일하는 외국 사람도 많다고 말씀하시며 우리나라는 이미 (㉡) 사회로 **진입했다고** 하셨다. 우리 할머니께서 사시는 마을에도 농사일을 하는 네팔 아저씨들이 있다. **고령화**가 심한 농촌에는 일할 사람이 부족해서 외국 사람들이 일손을 보탠다고 했다.

이제 우리는 다양한 나라의 사람들과 어울려 살아야 한다. 한국 사람과 다르다고 외국 사람이나 다문화 가정 친구들을 차별하지 말자. 우리 모두 서로를 이해하고 존중했으면 좋겠다.

◆ **차별하는:** 둘 이상의 대상을 각각 등급이나 수준 등의 차이를 두어서 구별하는.
◆ **존중해야:** 높이어 귀중하게 대해야.

7 ㉠, ㉡에 공통으로 들어갈 낱말에 ◯표 하세요.

(1) 고령화 (   )   (2) 다문화 (   )   (3) 정보화 (   )

8 글쓴이의 생각으로 알맞은 것을 모두 고르세요. (,   ,   )

① 서로를 이해하고 존중해야 한다.
② 베트남, 인도보다 우리나라가 더 좋은 나라이다.
③ 외국 사람과 다문화 가정 친구들을 차별하지 말자.
④ 피부색과 생김새가 다르다고 친구를 놀리면 안 된다.
⑤ 다른 나라 사람들이 우리나라의 문화를 배워야 한다.

시대별 삶의 모습과 관련된 말

✎ 다음 뜻에 알맞은 낱말을 가로, 세로, 대각선으로 찾아 연결하세요.

신	소	계	승	하	다	전	농	통
바	도	중	풍	속	남	수	확	경
급	달	시	진	체	보	여	발	다
속	착	의	낙	입	존	가	대	문
하	밀	지	식	후	하	고	령	화
다	예	집	키	주	온	다	창	가
정	고	유	하	다	돌	상	기	조

낱말 뜻

1 급하고 빠르다.

2 일이 없어 남는 시간.

3 논밭을 갈아 농사를 지음.

4 옛날부터 전해 오는 생활 습관.

5 목적한 장소나 상태에 들어서다.

6 대도시 근처에 계획적으로 만든 새 도시.

7 본래부터 지니고 있는 것으로 다른 것과 다르다.

8 조상의 전통이나 문화유산, 업적 등을 물려받아 이어 나가다.

9 한 사회 안에 여러 민족이나 여러 나라의 문화가 섞여 있는 것.

10 사람이 사는 데 기본적인 요소인 옷과 음식과 집을 통틀어 이르는 말.

[1~2] 다음 글의 밑줄 친 낱말과 뜻이 비슷한 낱말에 ○표 하세요.

1

먼 옛날 사람들은 돌을 이용해 농사 도구를 만들다가 점차 철을 사용했습니다. 철로 만든 농사 도구는 날카롭고 튼튼해서 논밭을 잘 일굴 수 있었습니다. 또 사람들은 농사에 필요한 물을 모아 두려고 저수지를 만들었습니다. 이렇게 <u>농경</u> 기술이 발전하자 농사짓는 논밭이 넓어지고, 수확하는 곡식의 양이 늘어났습니다.

(경작, 농부, 어업)

2

진행자: 우리나라는 세계에서 고령화가 가장 빨리 진행 중인 나라입니다. 이렇게 태어나는 아기의 수는 줄고 노인 인구가 계속 늘어나면 어떤 문제가 생길 것으로 <u>예상하십니까?</u>
토론자: 일할 수 있는 사람이 적어 나라 살림살이가 어려워지겠지요. 또 돌봐야 할 노인 수에 비해 요양원이나 노인 전문 병원이 부족해질 거예요.

(기억하십니까, 전망하십니까, 희망하십니까)

[3~4] 다음 관계의 두 낱말을 찾아 기호를 쓰세요.

3

과학 기술이 ㉠<u>발달한</u> 오늘날에는 로봇이나 기계가 사람을 ㉡<u>대체하기도</u> 한다. 공장에서 ㉢<u>단순하고</u> 반복적인 일을 로봇에게 ㉣<u>맡기고</u>, 음식점에서는 음식 주문을 받을 때 기계가 사람을 ㉤<u>대신하기도</u> 한다.

• 뜻이 비슷한 낱말: ☐ ― ☐

4

고려청자는 ㉠<u>신비한</u> 푸른빛이 ㉡<u>도는</u> 도자기예요. 고려 시대 사람들은 그 당시 중국의 도자기 기술을 그대로 ㉢<u>모방해</u> 도자기를 만들지 않았어요. 상감 기법이라는 새로운 기술을 ㉣<u>창조해</u> 고려청자를 더욱 ㉤<u>아름답게</u> 만들었지요.

• 뜻이 반대인 낱말: ☐ ↔ ☐

[5~6] 다음 글의 ◯◯◯에 들어갈 알맞은 낱말을 찾아 ✓표 하세요.

5

> 사람들은 손가락 끝마디 안쪽에 ◯◯◯ 무늬를 가지고 있습니다. 이것을 '지문'이라고 합니다. 지문은 사람마다 모두 다르며 그 모양이 평생 변하지 않습니다. 그래서 지문으로 사람을 구별할 수 있습니다.

① 고유한   ② 급속한   ③ 낙후된
④ 밀집된   ⑤ 정착한

6

> 자연환경은 사람들의 ◯◯◯ 생활에 영향을 미친다. 더운 나라에 사는 사람은 시원한 옷을 입고, 추운 나라에 사는 사람은 두꺼운 옷을 입는다. 바닷가와 산간 지방은 그곳에서 나는 음식 재료가 달라서 그 고장 사람들이 주로 먹는 음식이 다르다. 또 날씨와 땅의 생김새에 따라 집을 짓는 재료나 집의 형태도 달라진다.

① 온돌   ② 고령화   ③ 다문화
④ 신도시   ⑤ 의식주

[7~8] 다음 **보기** 의 뜻을 보고, 빈칸에 들어갈 알맞은 낱말을 쓰세요.

보기

> • 여가: 일이 없어 남는 시간.
> • 발달하다: 문명, 학문, 기술, 산업 등이 더 높은 수준에 이르다.

7 아빠는 (   )가 생기면 건강을 위해 달리기를 하신다.

8 교통이 (   )해서 전국 어디든 하루 안에 오갈 수 있게 되었다.

한 걸음 더!

오늘의
나의 실력은?

 최고야 좋았어 힘내자

4주 5일
정답확인

○ '傳'(전)이 들어간 낱말은 '전하다, 전달하다'와 관련 있어요. '傳'(전)이 들어간 낱말을 알아보아요.

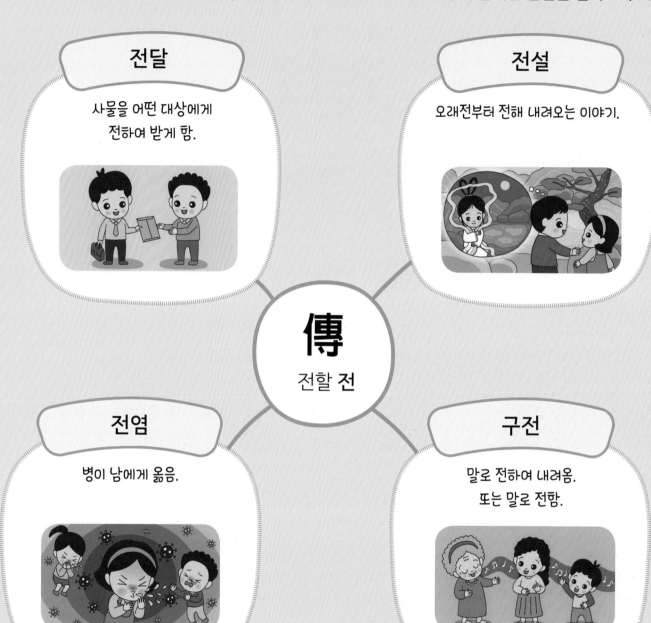

전달

사물을 어떤 대상에게
전하여 받게 함.

전설

오래전부터 전해 내려오는 이야기.

傳
전할 전

전염

병이 남에게 옮음.

구전

말로 전하여 내려옴.
또는 말로 전함.

 Q 다음 문장에 알맞은 낱말을 찾아 ○표 하세요.

(1) 학교에서 받은 가정 통신문을 부모님께 (전달, 전염)했다.

(2) 도윤이의 눈병이 (구전, 전염)되어 많은 친구들이 병원에 갔다.

(3) 할머니는 오래 전부터 (구전, 전염)되어 온 옛날이야기를 들려 주셨다.

날씨, 생활과 관련된 말 ❶

✏️ 다음 낱말이 사용된 상황을 보고, 뜻에 맞는 낱말을 써넣어 사전을 완성하세요.

어휘 사전

❶ [ㄱ][ㅅ][ㄹ]
(降 내릴 강, 水 물 수, 量 헤아릴 량)
: 일정한 장소에 일정 기간 내린 눈, 비 등 물의 양.

❷ [ㄱ][ㅈ] (乾 마를 건, 燥 마를 조)**하다**
: 말라서 젖은 듯한 기운이 없다.
비슷한말 메마르다 **반대말** 습하다

❸ [ㄱ][ㅇ] (氣 기운 기, 溫 따뜻할 온)
: 공기의 온도.

❹ [ㄱ][ㅎ] (氣 기운 기, 候 기후 후)
: 일정한 지역에서 여러 해에 걸쳐 나타난 평균적인 날씨.

❺ [ㄸ][ㄹ]**하다**
: 아주 분명하고 확실하다.

❻ [ㅅ][ㄷ] (濕 축축할 습, 度 법도 도)
: 공기 중에 수증기가 포함된 정도.

1 다음 뜻에 알맞은 낱말을 찾아 선으로 이으세요.

어휘
확인

(1) 아주 분명하고 확실하다. •

(2) 말라서 젖은 듯한 기운이 없다. •

(3) 일정한 장소에 일정 기간 내린 눈, 비 등 물의 양. •

• ㉮ 강수량

• ㉯ 건조하다

• ㉰ 뚜렷하다

2 다음 낱말의 뜻에 알맞은 낱말을 찾아 ○표 하세요.

어휘
확인

(1) 기온 공기의 (방향, 온도).

(2) 습도 (공기, 구름) 중에 수증기가 포함된 정도.

(3) 기후 일정한 지역에서 여러 해에 걸쳐 나타난 평균적인 (날씨, 시간).

3 다음 문장에 어울리는 낱말을 보기에서 찾아 빈칸에 쓰세요.

어휘
적용

보기

기온, 기후, 강수량

(1) 오늘은 ( )이/가 높아서 반팔 옷을 입었다.

(2) 열대 지방의 ( )은/는 일 년 내내 덥고 비가 많이 온다.

(3) 울릉도는 눈이 많이 와서 겨울에도 ( )이/가 많은 편이다.

4 다음 중 밑줄 친 낱말을 알맞게 사용한 친구에게 모두 ○표 하세요.

공기가 너무 <u>건조</u>해서 가습기를 틀었어.

( )

우리나라는 봄, 여름, 가을, 겨울 사계절이 <u>뚜렷</u>해.

( )

외출하고 돌아오면 바로 손을 씻는 <u>습도</u>를 길러야 해.

( )

5 다음 글에서 밑줄 친 낱말과 뜻이 반대인 낱말을 찾아 쓰세요.

우리나라는 계절에 따라 바람이 불어오는 방향이 다르다. 여름에는 남동쪽 바다에서 덥고 습한 바람이 불어오고, 겨울에는 북서쪽 대륙에서 차갑고 <u>건조한</u> 바람이 불어온다. 여름과 겨울 날씨는 이 바람의 영향을 받는다.

( )

관용 표현

6 다음 글에서 밑줄 친 한자 성어의 뜻으로 알맞은 것에 ○표 하세요.

지구의 **기후**가 변하고 있습니다. 지구의 평균 **기온**이 올라가면서 겨울이 점점 따뜻해지고 여름은 더 더워졌습니다. 그뿐만 아니라 지구 곳곳이 가뭄, 홍수, 폭설 등 기상 이변으로 몸살을 앓고 있습니다. 이것은 지구에 사는 모두에게 닥친 위험입니다. 전 세계 사람들이 <u>일심동체</u>가 되어 지구가 더 뜨거워지는 것을 막아야 합니다.

(1) 한마음 한 몸이라는 뜻으로, 서로 굳게 뭉침. ( )

(2) 절망에 빠져 자신을 스스로 포기하고 돌보지 않음. ( )

(3) 단단히 먹은 마음이 사흘을 가지 못한다는 뜻으로, 결심이 굳지 못함. ( )

독해로
어휘 마무리

오늘의
나의 실력은?

최고야 좋았어 힘내자

5주 1일
정답확인

[7~8] 다음 글을 읽고, 물음에 답하세요.

　　최근 들어 우리나라를 비롯해 세계 곳곳에서 큰 산불이 자주 나고 있어요. 2022년 3월에 경상북도에서 시작된 산불이 강원도까지 번졌어요. 열흘 동안 서울 면적의 절반 가까이 되는 산림이 불탔어요. 몇 년 전에는 호주에서 6개월 동안이나 산불이 계속되었어요. 엄청난 재산 피해와 함께 코알라를 비롯한 수억 마리의 야생 동물이 희생되었어요.

　　이렇게 큰 산불이 해마다 반복되고 있는데 그 원인 중 하나는 **기후** 변화예요. 지구 온난화로 예전보다 지구의 **기온**이 오르고 (　　㉠　　)이/가 줄었어요. 이렇게 **습도**가 낮은 (　　㉡　　) 날씨가 계속되면 산의 나무와 흙이 바싹 마르지요. 그래서 작은 불씨가 큰 산불로 번지기 쉬워요. 또 산불이 나면 헬기로 계곡이나 강에서 물을 실어 와 뿌리는데, 가뭄 때문에 물이 부족해서 산불 끄기가 더 어려워졌어요.

　　산불의 시작은 대부분 사람 때문이에요. 실수로 산불을 내지 않게 아주 조심해야 해요. 그리고 큰 산불을 막기 위해 지구 온난화 해결에 적극적으로 나서야 해요.

◆ **면적**: 평면이나 구면이 차지하는 넓이의 크기.
◆ **지구 온난화**: 지구의 기온이 높아지는 현상.

7 ㉠, ㉡에 들어갈 낱말이 모두 알맞은 것에 ○표 하세요.

(1) ㉠: 습도, ㉡: 습한 …… (　　　　)　　(2) ㉠: 강수량, ㉡: 뚜렷한 … (　　　　)

(3) ㉠: 습도, ㉡: 뚜렷한 … (　　　　)　　(4) ㉠: 강수량, ㉡: 건조한 … (　　　　)

8 이 글을 읽고 친구들이 이야기를 나누었습니다. 알맞게 말하지 <u>못한</u> 친구의 이름을 쓰세요.

> 명지: 기후 변화가 큰 산불이 자주 나는 원인이 되기도 하는구나.
> 주연: 산불이 나도 산에 사는 동물과 식물은 피해를 입지 않아 다행이야.
> 해솔: 산불이 나면 끄기 힘드니까 산불을 예방하는 일이 가장 중요하겠어.

(　　　　　　)

날씨, 생활과 관련된 말 ❷

✏️ 다음 낱말의 뜻을 보고, 밑줄 친 낱말을 알맞게 사용한 친구에게 ○표 하세요.

강풍(強 강할 강, 風 바람 풍)

세게 부는 바람.
비슷한말 센바람
반대말 미풍, 산들바람
예 강풍에 나뭇가지가 부러졌다.

보도(報 갚을 보, 道 길 도)하다

신문이나 방송 등을 통해 여러 사람에게 새로운 소식을 알리다.
예 저녁 뉴스에서 오늘 일어난 사건을 보도했다.

부근(附 붙을 부, 近 가까울 근)

어떤 곳을 중심으로 하여 가까운 곳. 비슷한말 근처
예 친구들과 학교 부근에 있는 분식집에서 떡볶이를 먹었다.

불어나다

수나 양 등이 커지거나 많아지다.
예 비가 많이 와서 강물이 불어났다.

장(長 길 장)대비

장대처럼 굵고 거세게 좍좍 내리는 비.
비슷한말 작달비
예 갑자기 장대비가 내려서 우산을 샀다.

통(通 통할 통)하다

막힘이 없이 들고 나다.
예 창문을 열어 놓으니 복도에 바람이 잘 통했다.

하수구가 통해서 물이
잘 빠지지 않았어.

(   )

계속되는 가뭄으로
저수지 물이 불어났어.

(   )

신문에서 프로 야구
경기 결과를 보도했어.

(   )

1 다음 낱말의 뜻풀이에 들어갈 알맞은 말을 보기에서 찾아 쓰세요.

어휘
확인

보기
> 비, 막힘, 바람, 소식

(1) 강풍: 세게 부는 (   ).

(2) 통하다: (   )이/가 없이 들고 나다.

(3) 장대비: 장대처럼 굵고 거세게 좍좍 내리는 (   ).

(4) 보도하다: 신문이나 방송 등을 통해 여러 사람에게 새로운 (   )을/를
알리다.

2 다음 낱말의 뜻으로 알맞으면 🍊에 ○표, 알맞지 않으면 🍋에 ○표 하세요.

어휘
확인

(1) 불어나다   수나 양 등이 커지거나 많아지다.   →

(2) 부근   어떤 곳을 중심으로 하여 멀리 있는 곳.   →

3 다음 중 밑줄 친 낱말을 잘못 사용한 문장을 찾아 기호를 쓰세요.

어휘
적용

> ㉠ 천둥, 번개가 치더니 장대비가 쏟아졌다.
> ㉡ 일주일 동안 내린 비로 강물이 크게 불어났다.
> ㉢ 이 옷은 바람이 잘 통하는 시원한 옷감으로 만들었다.
> ㉣ 수업 시간에 친구들 앞에서 '내가 좋아하는 계절'에 대해 보도했다.

(   )

4 다음 글의 밑줄 친 낱말과 뜻이 반대인 낱말은 무엇인가요? ( )

어휘
확장

> 바다에 <u>강풍</u>이 불면 높은 파도에 배가 뒤집힐 수도 있어요. 그래서 바람이 강하게 불어오면 고기잡이배들은 항구에 머물러요. 바람과 파도에 떠밀려 가거나 부서지지 않도록 여러 척의 배를 줄로 연결해 단단히 묶어 놓아요.

① 해풍   ② 미풍   ③ 돌풍
④ 폭풍   ⑤ 풍랑

5 다음 글의 밑줄 친 낱말과 바꾸어 쓸 수 있는 낱말에 ○표 하세요.

어휘
확장

> 비가 그친 하늘은 구름 한 점 없이 파랬다. 바람이 살랑살랑 불어왔다. 주하와 재훈이는 수업을 마치고 학교 <u>부근</u> 공원으로 산책을 갔다.

(1) 야외 (   )   (2) 근처 (   )   (3) 지역 (   )

관용 표현

6 다음 글의 빈칸에 들어갈 관용어로 알맞은 것을 찾아 ○표 하세요.

> 무더운 여름에 시원한 계곡에서 물놀이를 즐기는 사람들이 많습니다. 그런데 비가 내리면 계곡은 무척 위험합니다. 산 위쪽에서부터 물이 흘러 내려와 (   ) 계곡 물이 **불어나기** 때문입니다. 물이 불어나는 속도가 너무 빨라서 미처 대피할 틈이 없을 정도입니다. 그래서 날씨가 좋지 않으면 계곡뿐만 아니라 계곡 **부근**으로도 나들이를 가지 않아야 합니다.

(1) 눈 깜짝할 사이에: 매우 짧은 순간에.   (   )
(2) 비가 오나 눈이 오나: 아무리 어려움이 있어도 언제나 한결같이.   (   )
(3) 물불을 가리지 않고: 위험이나 곤란을 고려하지 않고 막무가내로 행동하고. (   )

독해로
어휘 마무리

오늘의
나의 실력은?

최고야 좋았어 함내자

5주 2일
정답확인

[7~8] 다음 설명하는 글을 읽고, 물음에 답하세요.

태풍은 해가 뜨겁게 내리쬐는 적도 **부근**의 바다에서 발생합니다. 이동하면서 강한 바람과 함께 큰비를 내리는데, 우리나라에는 여름철과 초가을에 영향을 줍니다.

대부분의 태풍은 우리나라를 비껴가지만 강한 태풍이 우리나라로 지나가게 되면 큰 피해가 생깁니다. 집과 도로가 물에 잠기고 산사태가 나기도 합니다. ㉠세게 부는 바람에 건물 유리창이 깨지고 농작물도 피해를 입습니다. 2002년에 태풍 루사는 전국에 엄청난 **장대비**를 퍼부어 5조 원이 넘는 재산 피해를 냈습니다. 이듬해인 2003년에 찾아온 태풍 매미는 강한 바람으로 막대한 피해를 입혔습니다.

우리나라에 태풍이 다가오면 텔레비전과 라디오에서는 계속해서 태풍 소식을 ㉡알립니다. 사람들은 뉴스를 보면서 태풍의 피해를 줄일 수 있도록 대비합니다.

이렇게 무서운 태풍도 이로운 점이 있습니다. 가뭄을 끝나게 하여 물이 부족한 문제를 해결하고, 공기 중의 오염 물질을 씻어 냅니다. 또 태풍이 일으키는 거센 바람은 바닷물이 위아래로 잘 섞이게 하여 바다 생물들의 먹이인 플랑크톤을 퍼뜨립니다.

◆ **적도:** 지구에서 해가 가장 뜨겁게 내리쬐는 곳의 중심이 되는 선.

◆ **이듬해:** 바로 다음 해.

◆ **이로운:** 이익이 있는.

7 ㉠, ㉡과 바꾸어 쓸 수 있는 낱말을 ( ) 안에서 찾아 ○표 하세요.

(1) ㉠: (강풍, 폭우, 홍수)

(2) ㉡: (경청합니다, 보도합니다, 연설합니다)

8 태풍에 대한 설명으로 알맞지 <u>않은</u> 것을 모두 고르세요. (,   )

① 대부분의 태풍이 우리나라로 지나간다.

② 우리나라에 여름철과 초가을에 영향을 준다.

③ 태풍 루사와 매미는 우리나라에 큰 피해를 입혔다.

④ 가뭄이 계속되게 하고 공기 중에 오염 물질을 퍼뜨린다.

⑤ 적도 부근의 바다에서 발생한 뒤 강풍과 함께 큰비를 내린다.

날씨, 생활과 관련된 말 ❸

✏️ 다음 낱말의 뜻을 보고, 초성에 알맞은 말을 써넣으세요.

밤새 ㄴ ㅂ ㄹ 가 치더니 다행히 그쳤구나.

와, 온 마을을 하얗게 ㄷ ㄷ ㄷ 니! 눈이 정말 많이 왔어요.

ㅎ ㅍ 가 몰아치면 눈이 얼어붙어 길이 미끄러워진단다.

ㅈ ㅅ 작업은 꼭 해야 하나요?

ㅂ ㅍ ㄱ 에 사람들이 다치지 않도록 미리 치워야 해.

안전을 위해서는 이렇게 미리 ㄷ ㅂ 해야겠네요. 저도 도울게요!

오늘의 어휘

- **눈보라:** 바람과 함께 휘몰아쳐 날리는 눈.
- **대비**(對 대답할 대, 備 갖출 비)**하다:** 앞으로 일어날지 모르는 어떤 일에 대응하기 위해 미리 준비하다.

  모양이 같은 말 대비하다: 두 가지의 차이를 알아보기 위해 서로 비교하다.

- **뒤덮다:** 빈 데가 없이 온통 덮다.
- **빙판**(氷 얼음 빙, 板 널빤지 판)**길:** 얼음이 얼어 미끄러운 길.
- **제설**(除 털 제, 雪 눈 설)**:** 쌓인 눈을 치움.
- **한파**(寒 찰 한, 波 물결 파)**:** 겨울철에 기온이 갑자기 내려가면서 발생하는 추위.

1 다음 낱말의 뜻을 보기 에서 찾아 기호를 쓰세요.

어휘
확인

보기

ㄱ 쌓인 눈을 치움.
ㄴ 빈 데가 없이 온통 덮다.
ㄷ 바람과 함께 휘몰아쳐 날리는 눈.
ㄹ 앞으로 일어날지 모르는 어떤 일에 대응하기 위해 미리 준비하다.

(1) 제설 …… (　　　　　) 　　(2) 눈보라 …… (　　　　　)

(3) 뒤덮다 … (　　　　　) 　　(4) 대비하다 … (　　　　　)

2 다음 밑줄 친 낱말의 뜻에 알맞은 낱말을 찾아 ○표 하세요.

어휘
확인

(1)
빙판길에서 넘어지지 않으려고 조심조심 걸어갔다.

➡ 얼음이 얼어 (가파른, 미끄러운) 길.

(2)
며칠째 한파가 계속되어 한강이 꽁꽁 얼었다.

➡ 겨울철에 기온이 갑자기 내려가면서 발생하는 (사고, 추위).

3 다음 문장에 어울리는 낱말을 찾아 ○표 하세요.

어휘
적용

(1) 겨울이 되어 세찬 (눈보라 / 빙판길) 이/가 몰아쳤다.

(2) 아침에 일어나니 하얀 눈이 온 세상을 (대비했다 / 뒤덮었다).

4 다음 중 빈칸에 '제설'이 들어가기에 알맞지 <u>않은</u> 문장을 찾아 기호를 쓰세요.

> ㉠ 강원도 산간 지방에 (   )이 쏟아졌다.
> ㉡ 눈이 그친 뒤 (   ) 차량이 도로에 쌓인 눈을 치웠다.
> ㉢ 눈 때문에 차가 못 다니자 마을 사람들이 모두 나서 (   ) 작업을 했다.

(   )

5 다음 문장에서 밑줄 친 낱말의 뜻은 무엇인지 보기 에서 찾아 기호를 쓰세요.

보기

> ㉠ 두 가지의 차이를 알아보기 위해 서로 비교하다.
> ㉡ 앞으로 일어날지 모르는 어떤 일에 대응하기 위해 미리 준비하다.

(1) 작년과 <u>대비해</u> 올해 겨울은 별로 춥지 않다. (   )

(2) 지진에 <u>대비해</u> 집에서 가까운 대피 시설이 어디인지 알아 두었다.

(   )

관용 표현

6 다음 글의 내용에 어울리는 한자 성어를 찾아 ○표 하세요.

제설함은 쌓인 눈을 치우는 데 필요한 도구들을 넣어 둔 통이다. 눈을 녹일 수 있는 염화 칼슘과 모래, 삽 등이 들어 있다. 제설함은 눈이 많이 내릴 때를 **대비해** 나라에서 **제설** 장비를 준비해 둔 것으로 누구나 이용할 수 있다. 골목길, 도로, 지하철역 등 곳곳에 있는 제설함을 찾아보고 눈 피해를 줄이는 데 이용하도록 하자.

제설함

(1) 무용지물(無用之物): 쓸모없는 물건이나 사람. (   )

(2) 소탐대실(小貪大失): 작은 것을 탐하다가 큰 것을 잃음. (   )

(3) 유비무환(有備無患): 미리 준비가 되어 있으면 걱정할 것이 없음. (   )

독해로
어휘 마무리

오늘의
나의 실력은?
 최고야 좋았어 힘내자

5주 3일
정답확인

[7~8] 다음 이야기를 읽고, 물음에 답하세요.

> 옛날 어느 마을에 욕심 많고 사나운 사또가 있었다. 사또는 괜한 트집을 잡아 백성의 재산을 빼앗고는 했다. 눈 내리는 겨울날, 사또가 마을에 사는 김 영감을 불렀다.
>
> "당장 나에게 산딸기를 바쳐라! 못 구해 오면 명령을 어긴 죄로 네 재산을 내놓아야 한다."
>
> 김 영감은 산딸기를 찾으려고 산속을 헤맸다. 하지만 여름에 열리는 산딸기가 눈으로 **뒤덮인** 산에 있을 리가 없었다. 빈손으로 돌아오던 김 영감은 미끄러운 (㉠)에서 넘어지고 말았다.
>
> 김 영감이 자리에 누워 끙끙 앓고 있으니 어린 아들이 와서 물었다.
>
> "아버지, 무슨 일 있으십니까?"
>
> 김 영감이 산딸기 이야기를 하자 아들은 아무 걱정 말라고 아버지를 안심시켰다.
>
> 다음 날, 아들은 사또를 찾아갔다.
>
> "김 영감에게 산딸기를 구해 오라 했는데 왜 네가 왔느냐?"
>
> "아버지께서는 (㉡)가 치는 날 산딸기를 구하러 산에 갔다가 독사에 물리셨습니다. 앓아누워 계셔서 제가 대신 왔습니다."
>
> "뭐라고? 이 추운 겨울에 독사가 어디 있단 말이냐?"
>
> "그러면 이 추운 겨울에 산딸기는 어디 있겠습니까?"
>
> 아들의 말에 사또는 얼굴이 벌게져서 아무 말도 못 했다.

7 사또가 김 영감에게 산딸기를 구해 오라고 한 까닭은 무엇인가요? (   )

① 산딸기가 먹고 싶어서
② 산딸기를 백성들에게 주려고
③ 김 영감의 재산을 빼앗으려고
④ 김 영감이 지혜로운지 알아보려고
⑤ 산딸기가 겨울에도 열리는지 궁금해서

8 ㉠, ㉡에 들어갈 알맞은 낱말을 보기에서 찾아 쓰세요.

보기

파도, 눈보라, 바닷가, 빙판길

(1) ㉠: (   )   (2) ㉡: (   )

날씨, 생활과 관련된 말 ④

✏️ 다음 낱말이 사용된 상황을 보고, 초성에 알맞은 낱말을 써넣어 짧은 글을 완성하세요.

폭염 특보

폭염 주의보 !!!!

폭염 경보 !

14일 월요일의 일기 예보입니다.
지난주 내내 내리던 비가 그치고 오랜만에
활짝 갠 맑은 하늘을 볼 수 있었는데요. 궂은 날씨가
지나가니 찜통 같은 무더위가 찾아왔습니다.
오늘부터 전국에 폭염 특보가 발표되었으며,
일교차는 줄어 이번 주에는 밤까지 푹푹 찌는
열대야가 이어질 전망입니다. 기상청을 통해 예보를
확인하고 야외 활동에 유의하시기 바랍니다.

오늘의 어휘

• **개다**: 흐리거나 궂은 날씨가 맑아지다.
  모양이 같은 말 개다: 옷이나 이부자리를 반듯하게 포개어 접다.
  모양이 같은 말 개다: 가루나 덩어리를 물이나 기름 등에 으깨어 풀어지거나 반죽이 되게 하다.

• **기상청**(氣 기운 기, 象 형상 상, 廳 관청 청): 날씨의 상태를 관찰하고 예측하여 일기 예보와 같은 정보를 알리는 국가 기관.

• **열대야**(熱 더울 열, 帶 띠 대, 夜 밤 야): 바깥의 온도가 25도 이상인 무더운 밤.

• **일기 예보**(日 날 일, 氣 기운 기, 豫 미리 예, 報 갚을 보): 앞으로의 날씨를 예측하여 미리 알리는 일.

• **일교차**(日 날 일, 較 견줄 교, 差 어그러질 차): 기온, 습도 등이 하루 동안에 변화하는 차이.

• **특보**(特 특별할 특, 報 갚을 보): 특별히 보도함.

📝 **짧은 글짓기**

❶ 며칠 동안 [ㅇ][ㄷ][ㅇ] 가 계속되어 잠을 설쳤습니다.

❷ 요즘은 아침과 저녁에는 기온이 뚝 떨어져서 [ㅇ][ㄱ][ㅊ] 가 큽니다.

❸ 태풍이 온다는 [ㄱ][ㅅ][ㅊ] 의 일기 예보를 보고 외출을 하지 않았습니다.

1 다음 낱말의 뜻에 알맞은 낱말을 찾아 ○표 하세요.

어휘
확인

(1) 특보 　특별히 (보도함, 약속함).

(2) 개다 　흐리거나 궂은 날씨가 (맑아지다, 어두워지다).

(3) 기상청 　(날씨, 우주)의 상태를 관찰하고 예측하여 일기 예보와 같은 정보를 알리는 국가 기관.

2 다음 밑줄 친 낱말의 뜻에 알맞게 선으로 이으세요.

어휘
확인

(1) 일교차가 심해서 감기에 걸렸다. ・

(2) 일기 예보에서 내일은 맑겠다고 했다. ・

(3) 열대야 때문에 더워서 잠을 못 잤다. ・

・㉮ 앞으로의 날씨를 예측하여 미리 알리는 일.

・㉯ 바깥의 온도가 25도 이상인 무더운 밤.

・㉰ 기온, 습도 등이 하루 동안에 변화하는 차이.

3 다음 ㉠, ㉡에 들어갈 말이 모두 알맞은 것은 무엇인가요? (　　　　)

어휘
적용

전국 대부분 지역이 대체로 흐리다가 오후부터 차차 (　㉠　). 아침 최저 기온은 7~10도, 낮 최고 기온은 서울 24도 등 18~25도까지 올라가겠습니다. (　㉡　)가 커서 아침에는 서늘하고 낮에는 살짝 덥겠습니다.

㉠	㉡	㉠	㉡
① 개겠습니다	열대야	② 맑겠습니다	눈보라
③ 개겠습니다	일교차	④ 맑겠습니다	열대야
⑤ 누그러지겠습니다	일교차		

4 다음 중 밑줄 친 낱말을 알맞게 사용한 친구에게 모두 ○표 하세요.

> 텔레비전에서 태풍이 다가오고 있다는 기상 **특보**를 봤어.

( )

> 일기 예보에서 소나기가 온다고 해서 우산을 갖고 나왔어.

( )

> 전염병에 대해 궁금한 게 있어서 **기상청** 누리집에 들어가 봤어.

( )

5 다음 문장에서 밑줄 친 낱말의 뜻이 보기와 같은 것에 ○표 하세요.

보기
비가 그치고 날씨가 활짝 <u>갰다</u>.

(1) 아침에 일어나서 이불을 <u>갰다</u>. ( )

(2) 부침개를 하려고 밀가루를 물에 <u>갰다</u>. ( )

(3) 구름 낀 하늘이 오후에 화창하게 <u>갰다</u>. ( )

관용 표현

6 다음 글에서 밑줄 친 관용어의 뜻으로 알맞은 것에 ○표 하세요.

> 오늘도 날이 무척 더웠다. 수업을 마치고 친구들이랑 축구를 하고 놀았다. 집에 돌아왔더니 몸에 힘이 쭉 빠졌다.
> "해가 쨍쨍한데 밖에서 놀았니? 그러다 <u>더위 먹으면</u> 어쩌려고."
> 땀투성이가 된 나를 보고 엄마가 걱정스럽게 말씀하셨다.
> "**일기 예보**에서 오늘 밤이 **열대야**라고 하더라. 이렇게 밤낮으로 더우면 건강을 해치기 쉽단다."

(1) 뜻밖에 이익이 생기면 ( )

(2) 심하게 갈증을 느끼면 ( )

(3) 여름철에 더위 때문에 몸에 이상이 생기면 ( )

(4) 한꺼번에 크게 손해를 입거나 곤란한 일을 당하면 ( )

독해로
어휘 마무리

오늘의
나의 실력은?

최고야 좋았어 힘내자

5주 4일
정답확인

[7~8] 다음 기사문을 읽고, 물음에 답하세요.

기상청, 무더위와 열대야 예고 — 올여름 많이 더워요

올해 여름은 다른 해보다 더울 전망이다. **기상청**은 올해 우리나라 폭염 일수가 다른 해보다 많을 것으로 내다보았다. 폭염은 매우 심한 더위로, 몸으로 느끼는 체감 온도가 33도 이상이면 기상청에서는 폭염 **특보**를 낸다.

기상청 발표에 따르면 지난 3월부터 5월까지 올 봄철 평균 기온이 기상 관측이 시작된 이후 50년 만에 가장 높았다. 여름에도 고온 현상이 이어져 6월 말 기온이 다른 해보다 높을 것으로 예상된다. 7월에는 많은 비가 내려 습도가 높고 밤에도 열이 식지 않아 **열대야**인 날이 많겠다. 장마가 끝난 8월에는 폭염이 잦을 것으로 보인다.

이렇게 폭염과 열대야가 예고된 만큼 각 가정에서는 선풍기와 에어컨 등 냉방 용품을 점검하고 무더위에 대비해야겠다. 또 (㉠)를 확인하여 폭염 특보가 내려지면 야외 활동을 하지 않는 등 건강을 해치지 않도록 각별히 주의해야 한다.

- 신재영 기자

◆ **체감 온도**: 사람이 몸으로 느끼는 더위나 추위를 수치로 나타낸 것.
◆ **관측**: 눈이나 기계로 천체나 기상의 상태, 변화 등을 관찰하여 측정하는 일.
◆ **잦을**: 잇따라 자주 있을.

7 ㉠에 들어갈 알맞은 낱말은 무엇인가요? (   )

① 기후   ② 습도   ③ 강수량
④ 일교차   ⑤ 일기 예보

8 기상청 발표 내용에 맞게 알맞은 낱말을 찾아 ○표 하세요.

• 6월 말 기온이 다른 해보다 (낮겠다, 높겠다).
• 7월에는 많은 비가 내리고 열대야인 날이 (많겠다, 적겠다).
• 8월에는 폭염이 (꺾일, 잦을) 것으로 보인다.

날씨, 생활과 관련된 말

✎ 다음 뜻풀이를 보고, 십자말풀이를 완성하세요.

➡ **가로**

1 일정한 장소에 일정 기간 내린 눈, 비 등 물의 양.
3 앞으로 일어날지 모르는 어떤 일에 대응하기 위해 미리 준비하다.
5 바람과 함께 휘몰아쳐 날리는 눈.
7 말라서 젖은 듯한 기운이 없다.
8 일정한 지역에서 여러 해에 걸쳐 나타난 평균적인 날씨.

⬇ **세로**

1 세게 부는 바람.
2 바깥의 온도가 25도 이상인 무더운 밤.
4 빈 데가 없이 온통 덥다.
6 신문이나 방송 등을 통해 여러 사람에게 새로운 소식을 알리다.
8 공기의 온도.

[1~2] 다음 관계의 두 낱말을 찾아 기호를 쓰세요.

1

> ㉠춥고 ㉡건조한 날에는 감기에 걸리기 ㉢쉽다. 콧속의 점액이 말라 감기 바이러스가 몸속에 쉽게 ㉣들어올 수 있기 때문이다. 겨울철에는 가습기와 화초로 실내 공기가 ㉤메마른 상태가 되는 것을 방지하는 것이 좋다.

- 뜻이 비슷한 낱말: ☐ — ☐

2

> ㉠강풍에 높은 ㉡파도가 일렁이고 배가 심하게 흔들렸습니다. 선장은 ㉢폭풍우 속에서 배의 방향키를 잡고 밤새 버티었습니다. 날이 밝자 서서히 바람이 잦아들었습니다. 선장은 ㉣산들바람을 맞으며 ㉤휘파람을 불었습니다.

- 뜻이 반대인 낱말: ☐ ↔ ☐

[3~4] 다음 빈칸에 공통으로 들어갈 낱말에 √표 하세요.

3

> 창밖을 보니 오랜만에 날씨가 (   ) 햇빛이 났다. 엄마는 아침부터 밀린 빨래를 하셨다. 날씨가 좋아 빨래가 잘 말랐다. 저녁때 동생 솔이와 함께 뽀송뽀송 마른 옷들을 (   ) 서랍장에 넣었다.

☐ 걷어 ☐ 개어 ☐ 맑아 ☐ 불어

4

> 황사가 없는 날과 황사가 심한 날에 같은 장소를 찍은 사진을 본 적이 있나요? 두 사진을 (   )해 보면 황사로 하늘이 얼마나 뿌옇게 변했는지 확실하게 알 수 있어요. 황사는 중국이나 몽골 사막의 모래 먼지가 날아와 가라앉는 현상이에요. 따라서 갈수록 심해지는 황사에 (   )하기 위해서는 중국 등의 우리나라 주변 국가들과 힘을 합쳐 중국, 몽골의 사막이 늘어나는 것을 막아야 해요.

☐ 대비 ☐ 반대 ☐ 비교 ☐ 해결

[5~6] 다음 글의 ◯ 에 들어갈 알맞은 낱말을 찾아 ◯표 하세요.

5

> 기후는 기온과 강수량을 기준으로 구분하며 지역별로 다양하게 나타납니다. 열대 지방은 일 년 내내 덥고 비가 많이 옵니다. 또 어떤 지역은 일 년의 대부분이 건조하고 추운 겨울입니다. 이러한 | 기후 | 전통 | 지도 | 의 차이는 그곳에 사는 사람들의 생활 모습과 동식물의 종류에 많은 영향을 줍니다.

6

> 옛날에 우리나라는 지방마다 집의 모양이 달랐다. 겨울이 길고 추운 북부 지방의 집은 방들이 마당을 빙 둘러싼 ㅁ 자 모양이었다. 이러한 모양은 집 안의 따뜻한 공기가 잘 빠져나가지 않으며, 추운 바람을 막을 수 있는 구조이다. 이에 비해 덥고 습기가 많은 남부 지방에서는 ― 자 모양으로 집을 지었다. 방들을 한 줄로 늘어놓아 바람이 시원하게 잘 | 뒤덮도록 | 통하도록 | 불어나도록 | 했다.

[7~8] 다음 글의 밑줄 친 말을 넣어 문장을 만들어 쓰세요.

> 저녁 뉴스에서 <u>일기 예보</u>를 했다.
> "밤사이 기온이 뚝 떨어지겠습니다. 오늘 내린 눈이 얼어 내일 아침 출근길 불편이 예상됩니다."
> 아빠가 재아에게 내일 학교 갈 때 <u>빙판길</u>에 미끄러지지 않게 조심하라고 하셨다.

7 **일기 예보** : 앞으로의 날씨를 예측하여 미리 알리는 일.

---

8 **빙판길** : 얼음이 얼어 미끄러운 길.

한 걸음 더!

○ '雨'(우)가 들어간 낱말은 '비'와 관련 있어요. '雨'(우)가 들어간 낱말을 알아보아요.

우산

비가 올 때 펴서 머리 위를 가려 몸이 비를 맞지 않게 하는 기구.

우비

비에 옷이 젖지 않도록 옷 위에 덧입는 옷.

雨
비 우

폭풍우

몹시 세찬 바람이 불면서 쏟아지는 큰비.

우박

큰 물방울들이 공중에서 갑자기 찬 기운을 만나 얼어 떨어지는 얼음덩어리.

 Q 다음 문장에 알맞은 낱말을 찾아 ○표 하세요.

(1) 농부가 (우비, 우산)을/를 입고 밭에서 일하고 있다.

(2) 거센 (우비, 폭풍우) 때문에 섬으로 가는 배가 뜨지 못했다.

(3) 갑자기 (우박, 우산)이 쏟아져서 사과나무에 달린 사과가 다 떨어졌다.

동물, 식물의 세계와 관련된 말 ❶

✏️ 다음 낱말의 뜻을 보고, 초성에 알맞은 말을 써넣으세요.

오늘의 어휘

- **멸종**(滅 멸망할 멸, 種 씨 종): 생물의 한 종류가 아주 없어짐. 〔비슷한말〕 절종
- **번식**(繁 많을 번, 殖 번성할 식)**하다**: 생물체의 수나 양이 늘어서 많이 퍼지다.
- **생존**(生 날 생, 存 있을 존)**하다**: 살아 있거나 살아남다.
- **유지**(維 바 유, 持 가질 지)**되다**: 어떤 상태나 상황이 그대로 남아 있거나 변함없이 계속되다.
  〔비슷한말〕 지속되다
- **적응**(適 갈 적, 應 응할 응)**하다**: 어떠한 상황이나 환경에 익숙해지거나 알맞게 변하다.
- **증가**(增 더할 증, 加 더할 가)**하다**: 양이나 수치가 늘다. 〔반대말〕 감소하다

1 다음 낱말의 뜻을 보기 에서 찾아 기호를 쓰세요.

어휘
확인

보기

ⓐ 살아 있거나 살아남다.

ⓑ 생물체의 수나 양이 늘어서 많이 퍼지다.

ⓒ 어떠한 상황이나 환경에 익숙해지거나 알맞게 변하다.

ⓓ 어떤 상태나 상황이 그대로 남아 있거나 변함없이 계속되다.

(1) 번식하다 … (   )   (2) 생존하다 … (   )

(3) 유지되다 … (   )   (4) 적응하다 … (   )

2 다음 낱말의 뜻으로 알맞은 것을 찾아 ○표 하세요.

어휘
확인

멸종
(1) 서로 세게 맞부딪치거나 맞섬.   (   )
(2) 생물의 한 종류가 아주 없어짐.   (   )

증가하다
(1) 양이나 수치가 늘다.   (   )
(2) 이미 있는 것에 덧붙이거나 보태다.   (   )

3 다음 ⓐ, ⓑ에 들어갈 알맞은 낱말을 보기 에서 찾아 쓰세요.

어휘
적용

보기

생존, 유지, 적응, 증가

여우는 사는 곳의 환경에 따라 생김새가 다르다. 사막에 사는 여우는 보통 여우보다 귀가 얇고 커서 몸의 열을 잘 내보낼 수 있다. 이는 뜨거운 사막에서 (ⓐ   )하기 위해 오랜 시간에 걸쳐 환경에 (ⓑ   )한 결과이다.

(1) ⓐ: (   )   (2) ⓑ: (   )

4 다음 낱말이 들어갈 문장을 찾아 선으로 이으세요.

(1) 멸종 •

(2) 번식 •

• ㉮ 수달, 산양 등 (   ) 위기 야생 동물을 보호해야 한다.

• ㉯ 민들레는 씨를 바람에 날려 퍼뜨려서 (   )한다.

5 다음 글의 밑줄 친 낱말과 뜻이 비슷한 낱말은 무엇인가요? (   )

　지구에는 물, 햇빛, 공기, 흙 등이 있어서 생물이 살 수 있어요. 이 중에서 특히 물은 생명이 <u>유지되는</u> 데 반드시 필요해요. 우주의 태양계에서 지구에만 수많은 생물들이 살고 있는 것도 지구에 풍부한 물이 있기 때문이지요.

① 생기는　　　　　② 자라는　　　　　③ 사라지는
④ 증가하는　　　　⑤ 지속되는

관용 표현

6 다음 글에서 밑줄 친 관용어의 뜻으로 알맞은 것에 ○표 하세요.

　호랑이는 우리에게 친근한 동물이다. 옛이야기에 많이 나올 만큼 옛날에는 우리나라 산에 호랑이가 많았다. 하지만 총으로 사냥을 하면서 그 수가 점점 줄어들다가 일제 강점기에 마구잡이로 사냥해서 <u>씨가 마르게</u> 되었다. 1921년 경주 대덕산에서 마지막으로 잡힌 뒤 호랑이는 자취를 감추었고, 우리나라 땅에서는 **멸종**이 되었다.

(1) 몹시 괴롭거나 애가 타게. (   )

(2) 정신을 바짝 차리고 집중하여 보게. (   )

(3) 어떤 종류의 것이 모조리 없어지게. (   )

독해로
어휘 마무리

오늘의
나의 실력은?

최고야   좋았어   힘내자

6주 1일
정답확인

[7~8] 다음 글을 읽고, 물음에 답하세요.

2018년, 북부흰코뿔소의 마지막 수컷이 죽었습니다. 이제 지구상에 북부흰코뿔소는 암컷 두 마리만 남았습니다. 수컷이 없어 더 이상 **번식하지** 못하니 북부흰코뿔소는 거의 **멸종**을 한 것과 다름없습니다.

마지막 북부흰코뿔소 수컷의 이름은 '수단'입니다. 수단은 아프리카 케냐에 있는 ◆야생 동물 보호 구역에서 살았습니다. 아프리카에서는 나쁜 사냥꾼들이 코뿔소의 뿔을 얻기 위해 몰래 코뿔소를 죽였습니다. 사람들은 하루 24시간 내내 주변을 ◆감시하며 수단을 지켰습니다. 그 덕분에 수단은 45살까지 살 수 있었습니다.

그동안 수많은 코뿔소가 인간에 의해 목숨을 잃었습니다. 그 결과 지구상에 야생 코뿔소는 다섯 종류밖에 남지 않았습니다. 2011년에 서부검은코뿔소가 멸종되었습니다. 자바코뿔소는 약 70마리밖에 없고, 수마트라코뿔소는 약 47마리 정도만 (㉠) 있습니다. 수단의 죽음으로 북부흰코뿔소도 곧 야생에서 사라질 것입니다.

서부검은코뿔소처럼 해마다 40여 종의 동물이 멸종된다고 합니다. 그리고 현재 멸종 위기의 동물은 1만2천여 종이나 됩니다.

◆ **야생 동물:** 산이나 들에서 저절로 나서 자라는 동물.

◆ **감시하며:** 단속하기 위하여 주의 깊게 살피며.

7 ㉠에 들어갈 낱말로 알맞은 것을 모두 고르세요. (,   )

① 갇혀   ② 멸종해   ③ 생존해

④ 살아남아   ⑤ 죽어나고

8 이 글을 읽고 알맞게 말한 친구에게 모두 ○표 하세요.

현아: 뿔 때문에 코뿔소를 사냥하다니, 인간들이 정말 너무해.   (   )

지우: 암컷 두 마리가 남아 있으니 북부흰코뿔소는 멸종하지 않겠어.   (   )

경원: 멸종되는 동물이 이렇게 많은지 몰랐어. 멸종 위기 동물을 보호하기 위해 노력해야 해.   (   )

동물, 식물의 세계와 관련된 말 ❷

✎ 다음 낱말이 사용된 상황을 보고, 뜻에 맞는 낱말을 써넣어 사전을 완성하세요.

지난 시간에는 곤충의 한 종류인 벌에 대해 공부했지요? 오늘은 고래에 대해서 알아볼 거예요.

고래는 어류인가요?

바다에 살지만 고래는 젖을 먹고 자라는 포유류랍니다. 고래의 지느러미는 앞다리가 진화한 것이라고 해요.

고래는 육식 동물이에요. 플랑크톤, 크릴새우, 작은 물고기 등을 먹지요.

고래 중 북극고래는 수명이 아주 길어요. 서식지는 태평양 북부와 대서양 북부 지역으로, 얼음 밑에서 살아요.

어휘 사전

❶ ㄱ ㅊ (昆 맏 곤, 蟲 벌레 충)
: 몸이 대개 단단한 껍질로 싸여 있고, 머리·가슴·배의 세 부분으로 되어 있으며, 세 쌍의 발을 가진 작은 동물.

❷ ㅅ ㅅ ㅈ (棲 깃들일 서, 息 숨쉴 식, 地 땅 지): 생물 등이 일정한 곳에 자리를 잡고 사는 곳.

❸ ㅅ ㅁ (壽 목숨 수, 命 목숨 명)
: 사람이나 동식물이 살아 있는 기간.

❹ ㅇ ㅅ (肉 고기 육, 食 먹을 식)
: 동물이 다른 동물의 고기를 먹이로 하는 일. 반대말 초식

❺ ㅈ ㅎ (進 나아갈 진, 化 될 화)하다
: 생물이 생명이 생긴 후부터 조금씩 발전해 가다. 반대말 퇴화하다

❻ ㅍ ㅇ ㄹ (哺 먹을 포, 乳 젖 유, 類 무리 류): 새끼를 낳아 젖을 먹여 키우는 동물. 비슷한말 포유동물

1 다음 낱말의 뜻풀이에 들어갈 알맞은 낱말을 **보기**에서 찾아 쓰세요.

어휘
확인

보기

곳, 젖, 고기, 기간

(1) 수명: 사람이나 동식물이 살아 있는 (   ).

(2) 포유류: 새끼를 낳아 (   )을/를 먹여 키우는 동물.

(3) 육식: 동물이 다른 동물의 (   )을/를 먹이로 하는 일.

(4) 서식지: 생물 등이 일정한 곳에 자리를 잡고 사는 (   ).

2 다음 낱말의 뜻으로 알맞으면 🍎에 ○표, 알맞지 않으면 🍎에 ○표 하세요.

어휘
적용

(1) 진화하다   생물이 생명이 생긴 후부터 조금씩 발전해 가다. → 🍎 , 🍎

(2) 곤충   몸이 비늘로 덮여 있고, 물속에 살면서 지느러미로 헤엄을 치고 아가미로 숨을 쉬는 동물. → 🍎 , 🍎

3 다음 중 밑줄 친 낱말을 잘못 사용한 문장을 찾아 기호를 쓰세요.

어휘
적용

㉠ 거북은 <u>수명</u>이 길어서 백 년 넘게 산다.

㉡ 숲이 파괴되어 부엉이의 <u>서식지</u>가 사라지고 있다.

㉢ 거미는 다리가 8개이고 몸이 두 부분으로 나뉘기 때문에 <u>곤충</u>이 아니다.

㉣ <u>포유류</u>인 황제펭귄은 암컷이 알을 낳으면 암컷과 수컷이 함께 알을 품는다.

(   )

4 다음 글에서 밑줄 친 낱말과 뜻이 반대인 낱말을 찾아 쓰세요.

> 호랑이, 표범 같은 <u>육식</u> 동물은 다른 동물을 사냥해 먹이를 얻는다. 고기를 찢어 먹을 수 있도록 육식 동물은 날카롭고 강한 이빨을 가지고 있다. 반면에 소, 말 같은 초식 동물의 먹이는 식물이다. 질긴 풀과 나뭇잎을 잘게 으깨어 먹기 좋게 초식 동물의 어금니는 맷돌같이 넓적하다.

(   )

5 다음 글에서 밑줄 친 낱말과 뜻이 반대인 낱말은 무엇인가요? (   )

> 동물들은 살아남기 위해서 자신이 살아가는 환경에 맞게 끊임없이 변화해 왔어요. 기린은 높은 나무의 잎을 따 먹을 수 있도록 목이 길게 <u>진화했어요</u>.

① 변화했어요   ② 살아있어요   ③ 생존했어요
④ 적응했어요   ⑤ 퇴화했어요

관용 표현

6 다음 글의 빈칸에 들어갈 한자 성어로 알맞은 것을 찾아 ○표 하세요.

> 방송 프로그램에서 사자가 먹잇감을 사냥하는 장면을 본 적이 있을 거예요. 연약한 사슴이 강한 사자에게 잡아먹히는 것을 보면 안타까운 마음이 들지요. 하지만 야생 동물의 세계에서 이와 같은 (   )은/는 자연스러운 일이에요. 식물이 초식 동물에게 먹히고, 초식 동물이 **육식** 동물에게 먹히는 것이 자연의 질서예요.

(1) 진수성찬(珍羞盛饌): 푸짐하게 잘 차린 맛있는 음식.   (   )

(2) 약육강식(弱肉強食): 약한 것이 강한 것에게 먹히는 것.   (   )

(3) 동분서주(東奔西走): 사방으로 이리저리 몹시 바쁘게 돌아다님.   (   )

독해로
어휘 마무리

오늘의
나의 실력은?

최고야   좋았어   힘내자

6주 2일
정답확인

[7~8] 다음 설명하는 글을 읽고, 물음에 답하세요.

개미, 벌, 파리, 모기, 매미……. 우리는 주변에서 (㉠)을/를 쉽게 볼 수 있어. 흔하고 작다고 별것 아니게 여기지만, **곤충**은 '지구의 주인'이라는 말을 듣기도 하는 동물이야.

곤충은 약 3억 5천만 년 전에 지구에 처음 나타났어. 그리고 현재 지구에 있는 전체 동물의 4분의 3을 차지할 만큼 그 수가 많고 종류도 다양하단다. 이렇게 엄청나게 오랜 세월 동안 곤충이 멸종하지 않고 널리 퍼져 살 수 있었던 이유는 뭘까? 그 이유 중 하나는 곤충이 작기 때문이야.◆ 몸집이 작으면 자신을 잡아먹으려는 적을 피해 몸을 숨기기 좋고, 먹이를 조금만 먹어도 생명을 유지할 수 있어. 그런데 아주 오래 전에 곤충은 작지 않았어. 날개를 펼치면 75센티미터나 되는 커다란 잠자리도 있었대. 곤충은 살아남기 위해 몸집이 점점 작게 **진화했고**, 오늘날에는 작은 곤충만 남게 된 거지.

곤충은 종류가 매우 다양한 만큼 (㉡)도 지구 전 지역에 걸쳐 있어. 몹시 추운 북극부터 무더운 적도에 이르기까지 곤충이 살지 않는 곳은 거의 없지. 오늘날 지구상에서 곤충을 볼 수 없는 곳은 깊은 바닷속뿐이라고 해.

◆**몸집:** 몸의 부피.

7 ㉠, ㉡에 들어갈 말이 모두 알맞은 것에 ○표 하세요.

(1) ㉠: 곤충, ㉡: 서식지 …… (   )   (2) ㉠: 벌레, ㉡: 목적지 …… (   )

(3) ㉠: 미생물, ㉡: 사냥터 … (   )   (4) ㉠: 포유류, ㉡: 서식지 … (   )

8 곤충이 '지구의 주인'이라는 말을 듣기도 하는 까닭으로 알맞은 것을 모두 고르세요.

(,   ,   )

① 동물 중에 지능이 가장 높기 때문에

② 지구의 거의 모든 곳에서 살기 때문에

③ 지구에 가장 먼저 나타난 동물이기 때문에

④ 아주 오랜 세월 동안 지구에 살고 있기 때문에

⑤ 전체 동물의 4분의 3을 차지할 만큼 많기 때문에

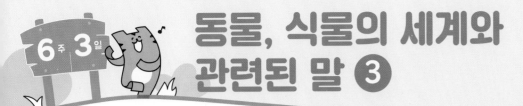

동물, 식물의 세계와 관련된 말 ③

6주 3일

✏️ 다음 낱말이 사용된 상황을 보고, 초성에 알맞은 낱말을 써넣어 짧은 글을 완성하세요.

최근에 면역력이 떨어져서 그런지 자주 머리에 통증을 느껴요. 또 손발이 저리고 차가워요. 혈액 순환도 잘 안되는 것 같아요.

호흡이 가쁘네요. 먼저 몇 가지 검사를 해 볼게요. 검사에 사용하는 장비와 약품은 인체에 무해하니 걱정하지 마세요.

오늘의 어휘

• **면역력**(免 면할 면, 疫 염병 역, 力 힘 력): 몸 밖에서 들어온 병균을 이겨 내는 힘.

• **무해**(無 없을 무, 害 해로울 해)**하다**: 해로움이 없다. 반대말 유해하다

• **순환**(循 좇을 순, 環 고리 환): 어떤 행동이나 현상이 하나의 과정을 지나 다시 처음 자리로 돌아오는 것을 되풀이함.

• **인체**(人 사람 인, 體 몸 체): 사람의 몸.

• **통증**(痛 아플 통, 症 증세 증): 아픈 증세.

• **호흡**(呼 부를 호, 吸 숨 들이쉴 흡): 숨을 내쉬고 들이마시는 것.

📝 짧은 글짓기

❶ 피부에 [ㅁ][ㅎ] 한 세제로 설거지를 했습니다.

❷ 책상에 다리를 부딪쳐서 [ㅌ][ㅈ]이 느껴졌습니다.

❸ 축구를 열심히 했더니 숨이 차서 [ㅎ][ㅎ]이 빨라졌습니다.

1 다음 낱말의 뜻에 알맞게 선으로 이으세요.

어휘
확인

(1) 인체 •

(2) 통증 •

(3) 호흡 •

• ㉮ 아픈 증세.

• ㉯ 사람의 몸.

• ㉰ 숨을 내쉬고 들이마시는 것.

2 다음 낱말의 뜻에 알맞은 말을 찾아 ○표 하세요.

어휘
확인

(1) 무해하다 (즐거움, 해로움)이 없다.

(2) 면역력 몸 밖에서 들어온 병균을 (퍼뜨리는, 이겨 내는) 힘.

(3) 순환 어떤 행동이나 현상이 하나의 과정을 지나 다시 (중간, 처음) 자리로 돌아오는 것을 되풀이함.

3 다음 중 밑줄 친 낱말을 알맞게 사용한 친구에게 모두 ○표 하세요.

어휘
적용

운동을 꾸준히 해서 인체를 길러야겠어.

( )

달리기를 하면 땀이 나고 호흡이 빨라져.

( )

할머니께서 허리 통증을 치료하러 한의원에 가셨어.

( )

4 다음 글의 빈칸에 공통으로 들어갈 낱말을 쓰세요.

> 우리 몸 안의 피를 뜻하는 혈액은 온몸에 퍼져 있는 혈관을 따라서 흐른다. 심장에서 나온 혈액이 몸 구석구석을 거쳐 다시 심장으로 돌아오는 것을 '혈액 (   )'이라고 한다. 우리가 살아 있는 동안 혈액은 쉬지 않고 (   )을 하면서 우리 몸에 산소와 영양분을 공급한다.

(   )

5 다음 광고의 밑줄 친 낱말과 뜻이 반대인 낱말에 ○표 하세요.

> **달콤한 무지개 사탕**
> 안심하세요! 무지개 사탕은 인체에 <u>무해한</u> 천연 색소를 사용했습니다.

(1) 많은 ······ (   )   (2) 유익한 ··· (   )

(3) 유해한 ··· (   )   (4) 필요한 ··· (   )

관용 표현

6 다음 글을 읽고 밑줄 친 속담을 사용할 수 있는 상황으로 알맞은 것을 찾아 ○표 하세요.

> 밥상머리는 밥상을 앞에 두고 앉은 자리를 뜻해요. '<u>감기는 밥상머리에서 물러간다</u>'는 속담은 밥을 잘 먹으면 감기 정도는 저절로 물러간다는 뜻으로, 밥을 잘 먹어야 병이 나음을 이르는 말이에요. 감기는 바이러스 때문에 걸리는데, 바이러스를 죽이는 약은 없어요. 감기약은 콧물이나 기침, **통증**을 줄여 주는 역할을 할 뿐이에요. 그래서 감기에 걸렸을 때에는 충분한 휴식을 취하고, 균형 잡힌 식사를 하는 것이 중요해요. 즉, 이 속담은 음식을 골고루 먹고 **면역력**을 높이면 우리 몸이 스스로 감기를 이겨 낼 수 있다는 과학적 사실을 담고 있어요.

• 감기에 걸린 동생이
옷을 얇게 입을
밥을 잘 안 먹을
학교에 가기 싫다고 할
때

독해로
어휘 마무리

오늘의
나의 실력은?

최고야 좋았어 힘내자

6주 3일
정답확인

[7~8] 다음 설명하는 글을 읽고, 물음에 답하세요.

1895년, 독일의 과학자 뢴트겐이 몸속의 뼈를 찍을 수 있는 엑스선을 발견했다. 의사들은 엑스선의 발견을 무척 반겼다. 엑스선을 이용하여 환자의 상태를 파악할 수 있기 때문이었다.

그 당시에는 살아 있는 사람의 몸속을 볼 수 있는 방법이 없었다. 환자가 왜 아픈지 알아내기 위해 ◆증상을 직접 묻거나, 아픈 부분을 만지며 살펴보았다. 하지만 이런 방법으로는 병의 원인을 제대로 알기 어려웠다.

엑스선의 발견 이후 많은 것이 달라졌다. 다친 사람이 병원에 오면 **통증**을 느끼는 부분을 엑스선으로 찍었다. 뼈에 금이 가거나 부러진 곳이 있는지 알아내어 적절한 치료를 했다. 또 **호흡**을 잘 못 하는 환자는 가슴 부위를 찍어 폐에 병이 생겼는지 확인했다.

그 이후 과학과 의학의 발달로 ㉠사람의 몸 내부를 들여다볼 수 있는 기술은 더욱 발전했다. 오늘날에는 환자에게 ㉡해가 없는 방법으로 뼈뿐만 아니라 위와 간 같은 내장, 핏줄, 뇌까지도 선명하고 자세하게 촬영한다. 몸속 사진으로 아픈 원인을 정확하게 알아낸 덕분에 많은 환자들이 병을 고칠 수 있게 되었다.

◆**증상:** 병을 앓을 때 나타나는 여러 가지 상태나 모양.

7 이 글의 내용으로 알맞은 것을 모두 고르세요. (,   ,   )

① 뢴트겐이 몸속의 뼈를 찍을 수 있는 엑스선을 발견했다.
② 사람의 몸속을 촬영해도 환자가 아픈 원인을 알아낼 수 없다.
③ 엑스선의 발견 이후 몸속을 볼 수 있는 기술은 더욱 발전했다.
④ 의사들은 엑스선을 이용하지 못하도록 엑스선의 발견을 숨겼다.
⑤ 오늘날에는 뼈, 내장, 핏줄, 뇌까지도 선명하고 자세하게 촬영할 수 있다.

8 ㉠, ㉡과 바꾸어 쓸 수 있는 낱말을 찾아 ○표 하세요.

(1) ㉠:　　　인체, 체중, 치아

(2) ㉡:　　　무해한, 이해한, 편안한

동물, 식물의 세계와 관련된 말 ④

✏️ 다음 낱말의 뜻을 보고, 밑줄 친 낱말을 알맞게 사용한 친구에게 ○표 하세요.

모종(種 씨 종)

옮겨 심으려고 씨앗을 뿌려 가꾼 어린 식물.
㉞ 할아버지께서 상추 모종을 밭에 옮겨 심으셨다.

수분(受 받을 수, 粉 가루 분)

식물이 열매를 맺기 위해 꽃의 수술에 붙은 꽃가루가 암술머리에 옮겨 붙는 일.
[비슷한말] 가루받이, 꽃가루받이
[모양이 같은 말] 수분: 축축한 물의 기운.
㉞ 나비는 꽃의 수분을 돕는다.

양분(養 기를 양, 分 나눌 분)

생물이 살아가기 위해 필요한 영양 성분.
[비슷한말] 영양분, 자양분
㉞ 양분을 골고루 섭취하려면 음식을 가려 먹지 않아야 한다.

열매

나무의 꽃이 수정한 뒤 그 씨방이 자라서 맺힌 것.
㉞ 사과나무에 열매가 탐스럽게 열렸다.

저장(貯 쌓을 저, 藏 감출 장)하다

나중에 쓰려고 물질이나 물건을 모아서 보관하다.
㉞ 다람쥐가 겨울에 먹을 먹이를 굴속에 저장했다.

한살이

생물이 목숨을 지니고 살아 있는 동안.
[비슷한말] 일생
㉞ 식물의 한살이를 관찰했다.

읽고 싶은 책을 살 때 용돈을 저장했어.

(   )

컴퓨터의 한살이를 관찰했어.

(   )

감나무에서 주황빛으로 잘 익은 열매를 따서 먹었어.

(   )

1 다음 뜻에 알맞은 낱말을 찾아 ○표 하세요.

어휘
확인

(1) 생물이 살아가기 위해 필요한 영양 성분.　　(수분, 양분)

(2) 나무의 꽃이 수정한 뒤 그 씨방이 자라서 맺힌 것.　　(모종, 열매)

(3) 생물이 목숨을 지니고 살아 있는 동안.　　(한나절, 한살이)

2 다음 문장에서 밑줄 친 낱말의 뜻에 알맞은 말을 찾아 ○표 하세요.

어휘
확인

(1) 텃밭에 국화 <u>모종</u>을 심었다.

➡ 옮겨 심으려고 씨앗을 뿌려 가꾼 (귀한, 어린) 식물.

(2) 추수한 곡식을 창고에 <u>저장했다.</u>

➡ 나중에 쓰려고 물질이나 물건을 (모아서, 얼려서) 보관했다.

3 다음 문장에 어울리는 낱말을 보기 에서 찾아 빈칸에 쓰세요.

어휘
적용

──── 보기 ────
모종, 열매, 저장, 한살이

(1) 우리가 먹는 배는 배나무의 (　　　　　　　)(으)로, 속에 씨가 들어 있다.

(2) 고추 (　　　　　　　)의 생김새를 살펴보니 뿌리, 줄기, 잎으로 이루어져 있다.

(3) 식물의 (　　　　　　　)은/는 씨가 싹이 터서 자라고, 꽃이 피고 열매를 맺어 다시 씨가 만들어지는 과정을 말한다.

(4) 당근과 고구마는 열매가 아니라 뿌리인데, 양분을 뿌리에 (　　　　　　　)하기 때문에 다른 식물에 비해 뿌리가 굵다.

4 다음 글의 밑줄 친 낱말과 바꾸어 쓸 수 있는 낱말을 모두 고르세요. (,   )

어휘
확장

> 식물이 잎에서 <u>양분</u>을 만들기 위해서는 물과 햇빛이 필요합니다. 그래서 물을 주지 않거나 햇빛을 받지 못한 식물은 양분이 부족해 잘 자랄 수 없습니다.

① 양지   ② 화분   ③ 영양분
④ 자양분   ⑤ 주성분

5 다음 문장에서 밑줄 친 낱말의 뜻은 무엇인지 **보기** 에서 찾아 기호를 쓰세요.

어휘
확장

보기
ㄱ 축축한 물의 기운.
ㄴ 식물이 열매를 맺기 위해 꽃의 수술에 붙은 꽃가루가 암술머리에 옮겨 붙는 일.

(1) 벌과 나비는 이 꽃 저 꽃 옮겨 다니며 식물의 <u>수분</u>을 돕는다.   (   )
(2) 땀을 많이 흘린 뒤에는 물을 충분히 마셔 몸에 <u>수분</u>을 보충해야 한다.

(   )

관용 표현

6 다음 글에서 밑줄 친 관용어의 뜻으로 알맞은 것은 무엇인가요? (   )

화분에 방울토마토 **모종**을 심었다. 할아버지께서 줄기 옆에서 나오는 곁순을 잘 따 줘야 한다고 하셨다. 그래야 모종이 잘 자라고 **열매**가 튼실하다고 하셨다. 나는 곁순이 나오나 <u>하루에도 열두 번</u> 모종을 살펴보았다. 그리고 새로 돋는 곁순이 있으면 따 주었다. 모종은 쑥쑥 자라 드디어 노란 꽃이 피었다.
"꽃이 지면 방울토마토가 맺힐 거야. 주아가 정성껏 키운 보람이 있구나."
내가 키운 방울토마토를 먹게 되다니! 뿌듯하고 기분이 좋았다.

① 매우 자주   ② 아주 가끔
③ 애타게 기다리며   ④ 마지못해 억지로
⑤ 몹시 욕심을 내면서

독해로
어휘 마무리

오늘의
나의 실력은?

최고야   좋았어   힘내자

6주 4일
정답확인

[7~8] 다음 일기를 읽고, 물음에 답하세요.

20○○년 4월 3일 금요일	날씨: 맑고 따뜻함.

엄마, 아빠랑 꽃 시장에 갔다. 곧 식목일이어서, 식목일에 베란다 화단에 심을 **모종**과 꽃씨를 사기로 했다. 먼저 모종 파는 곳으로 갔다. 셀러리, 상추, 브로콜리, 부추, 대파, 케일……. 종류가 무척 많았다. 내가 잘 모르는 채소들도 있었다. 엄마와 아빠는 평소에 자주 먹는 상추와 고추, 가지, 토마토 모종을 고르셨다.

"어떻게 하면 모종에 (㉠   )이/가 잘 맺힐까요?"

엄마가 모종 가게 주인아저씨에게 여쭈어보았다.

"붓에 꽃가루를 묻혀 직접 **수분**을 해 주세요."

우리는 주인아저씨 말씀대로 해서 가지, 고추, 토마토가 주렁주렁 열리게 하자고 했다.

다음으로 꽃씨를 사러 갔다. 손톱에 봉숭아 꽃물을 들이고 싶어서 봉숭아 씨앗을 골랐다. 꽃 색깔이 예쁜 채송화랑 백일홍 씨앗도 샀다.

"흙에 (㉡   )이/가 충분하면 잘 자랄 거야."

아빠가 식물 영양제랑 비료도 잊지 않고 구매하셨다. 식물이 많은 꽃 시장에 오면 기분이 좋다. 우리 집에도 식물들이 무럭무럭 자라서 많아졌으면 좋겠다. 오늘 산 모종과 꽃씨를 잘 가꿔야겠다.

◆ **비료:** 농사를 지을 때 땅을 기름지게 만들어 식물이 잘 자라게 하려고 뿌리는 물질.

7   ㉠, ㉡에 들어갈 알맞은 낱말을 **보기** 에서 찾아 쓰세요.

보기

뿌리, 양분, 열매, 한살이

(1) ㉠: (   )   (2) ㉡: (   )

8   글쓴이네 가족이 꽃 시장에서 산 것으로 알맞은 것에 모두 ○표 하세요.

(1) 모종: 셀러리, 부추, 대파 ……… (   )

(2) 꽃씨: 봉숭아, 채송화, 백일홍 … (   )

(3) 식물 영양제, 비료 ……………… (   )

동물, 식물의 세계와 관련된 말

6주 5일 복습

✏️ 다음 뜻에 알맞은 낱말을 가로, 세로, 대각선으로 찾아 연결하세요.

지	응	퇴	조	곤	충	색	열	호
순	멸	종	화	분	적	서	매	흡
저	환	분	생	존	하	다	식	인
장	대	각	번	육	통	증	체	지
하	감	모	한	식	물	파	면	양
다	염	골	종	살	하	노	역	무
포	유	류	명	문	이	다	력	해

1 아픈 증세.
2 살아 있거나 살아남다.
3 숨을 내쉬고 들이마시는 것.
4 생물의 한 종류가 아주 없어짐.
5 새끼를 낳아 젖을 먹여 키우는 동물.
6 몸 밖에서 들어온 병균을 이겨 내는 힘.
7 생물체의 수나 양이 늘어서 많이 퍼지다.
8 옮겨 심으려고 씨앗을 뿌려 가꾼 어린 식물.
9 생물 등이 일정한 곳에 자리를 잡고 사는 곳.
10 나중에 쓰려고 물질이나 물건을 모아서 보관하다.

[1~2] 다음 글의 밑줄 친 낱말과 뜻이 비슷한 낱말을 찾아 ○표 하세요.

1

우리 주변의 여러 식물은 <u>한살이</u> 기간이 다르다. 해바라기, 토마토, 옥수수 등은 1년만 사는 한해살이 식물이다. 한해살이 식물은 한 해 동안 싹이 터서 자라 꽃을 피우고 열매를 맺어 씨를 만들고 죽는다. 민들레, 개나리, 감나무 등은 한살이가 여러 해 동안 반복되는 여러해살이 식물이다. 여러해살이 식물은 열매를 맺은 뒤에도 죽지 않고 이듬해 다시 새순이 나온다.

(생일, 세상, 일생)

2

꿀벌이 사라지고 있습니다. ○○ 지역에서 벌통을 나갔다가 돌아오지 않은 꿀벌이 80억 마리가 넘는다고 합니다. 꿀벌이 적으면 <u>수분</u>이 잘 이루어지지 않아 농작물이 열매를 맺지 못합니다. ○○ 지역뿐만 아니라 전 세계적으로도 꿀벌의 수가 줄어들었습니다. 과학자들은 꿀벌들이 길을 잃고 벌통으로 돌아오지 못하는 이유를 찾고 있습니다.

(꺾꽂이, 가지치기, 꽃가루받이)

[3~4] 다음 글에서 뜻이 반대인 두 낱말을 찾아 기호를 쓰세요.

3

어린이들이 사용하는 그림물감 20개 제품을 ㉠<u>검사한</u> 결과, 6개 제품에서 인체에 ㉡<u>유해한</u> 물질이 나왔다. 이 제품들은 '친환경', '무독성', '인체에 ㉢<u>무해한</u> 제품' 등의 표현을 사용하여 거짓 광고까지 했다. 한국 소비자원은 문구점에서 ㉣<u>팔고</u> 있는 이 그림물감들을 도로 ㉤<u>거두어들이도록</u> 했다.

(   ), (   )

4

동물은 ㉠<u>살아남기</u> 위해 오랜 세월에 걸쳐 ㉡<u>진화하여</u> 왔어요. 새는 먹이의 종류에 따라 부리의 모양이 ㉢<u>달라요</u>. 먹이를 구하기 좋게 부리가 ㉣<u>변한</u> 새들이 살아남은 거예요. 한편 날개가 ㉤<u>퇴화하여</u> 날지 못하는 새들도 있어요. 새 중에 몸집이 가장 큰 타조는 하늘을 나는 것보다 땅에서 빨리 달리는 게 생존에 유리했어요. 그래서 큰 날개 대신 빠르고 긴 다리가 있어요.

(   ), (   )

[5~6] 다음 글의 ◯에 들어갈 알맞은 낱말을 찾아 ◯표 하세요.

5

> 전라북도 무주에서 열리는 반딧불이 축제에 다녀왔다. 무주의 남대천은 깨끗한 환경에서만 사는 반딧불이의 [   ]이다. 밤하늘 여기저기서 반짝이는 반딧불이가 무척 아름다웠다. 앞으로 오염된 환경을 되살려 다른 곳에서도 반딧불이를 많이 볼 수 있으면 좋겠다.

(1) 묘지 (   )   (2) 생산지 (   )   (3) 서식지 (   )

6

> 음식을 상하게 하는 곰팡이와 세균은 덥고 습도가 높은 환경을 좋아해요. 날씨가 더우면 곰팡이와 세균이 빨리 [   ] 음식이 쉽게 상하지요. 그래서 여름철에는 음식을 잘못 먹고 배탈이 나는 경우가 많으니 조심해야 해요.

(1) 멸종해서 (   )   (2) 번식해서 (   )   (3) 저장해서 (   )

[7~8] 다음 글의 밑줄 친 낱말을 넣어 문장을 만들어 쓰세요.

> 할머니께서 무릎 <u>통증</u> 때문에 병원에 다녀오셨다. 약국에서 지어 온 약을 드시면서 할머니께서 말씀하셨다.
> "내가 어릴 땐 노인들이 무릎이 아프면 말린 산수유 <u>열매</u>를 먹었단다."
> 할머니께서는 식물의 뿌리나 열매가 한약의 재료로 쓰인다고 알려 주셨다. 나는 식물은 참 쓰임새가 많다고 생각했다.

7 **통증** : 아픈 증세.

_____

8 **열매** : 나무의 꽃이 수정한 뒤 그 씨방이 자라서 맺힌 것.

_____

한 걸음 더!

○ '體'(체)가 들어간 낱말은 '몸'과 관련 있어요. '體'(체)가 들어간 낱말을 알아보아요.

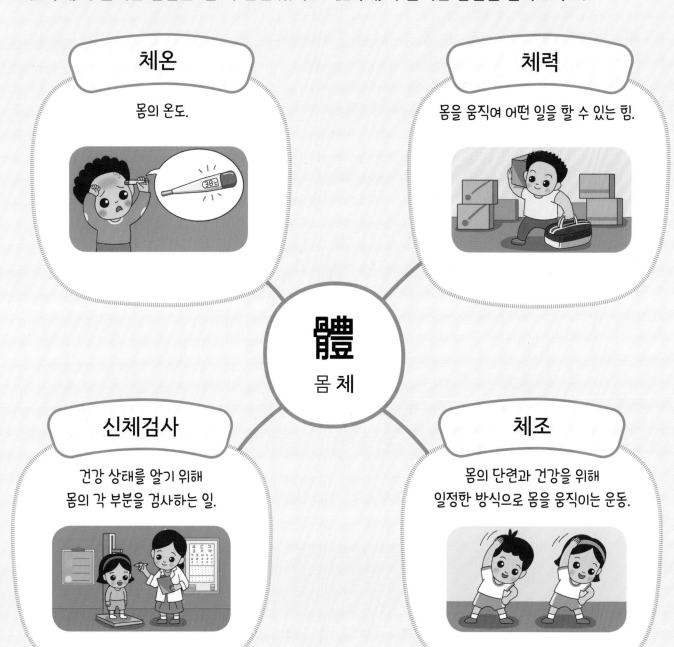

체온

몸의 온도.

체력

몸을 움직여 어떤 일을 할 수 있는 힘.

體
몸 체

신체검사

건강 상태를 알기 위해
몸의 각 부분을 검사하는 일.

체조

몸의 단련과 건강을 위해
일정한 방식으로 몸을 움직이는 운동.

Q 다음 문장에 알맞은 낱말을 찾아 ○표 하세요.

(1) 머리가 아프고 열이 나서 (체온, 체조)을/를 쟀다.

(2) 물놀이를 하기 전에 가볍게 맨손 (체조, 신체검사)를 했다.

(3) 진수는 (체력, 체온)이 좋아서 온종일 뛰어놀아도 지치지 않는다.

음악, 문화와 관련된 말 ①

✏️ 다음 낱말이 사용된 상황을 보고, 초성에 알맞은 낱말을 써넣어 짧은 글을 완성하세요.

○○초등학교 친구들의 음악 공연을 보러 와 주신 청중 여러분께 감사합니다. 공연을 개최할 수 있도록 도와주신 선생님들께도 감사합니다. 노래, 악기 연주 등 많은 공연이 준비되어 있으니 기대해 주세요.

공연에는 모두 12팀이 참여했습니다. 첫 번째 친구는 4학년 1반 이나리 학생입니다. 피아노 반주에 맞추어 노래할 예정이니 많은 박수 부탁드립니다.

오늘의 어휘

- **개최**(開 열 개, 催 재촉할 최)**하다**: 모임이나 행사, 회의 등을 맡아서 열다. [비슷한말] 열다, 주최하다

- **공연**(公 공평할 공, 演 펼 연): 음악, 무용, 연극 등을 많은 사람 앞에서 보이는 일. [비슷한말] 상연

- **반주**(伴 짝 반, 奏 아뢸 주): 노래나 악기 연주를 돕기 위해 옆에서 다른 악기를 연주함. 또는 그렇게 하는 연주.

- **연주**(演 펼 연, 奏 아뢸 주): 악기를 다루어 곡을 표현하거나 들려주는 일.

- **참여**(參 참여할 참, 與 더불 여)**하다**: 여러 사람이 같이 하는 어떤 일에 끼어들어 함께 일하다.

- **청중**(聽 들을 청, 衆 무리 중): 강연이나 음악 등을 듣기 위해 모인 사람들.

📝 짧은 글짓기

❶ 유명한 강사의 강의를 듣기 위해 [ㅊ][ㅈ]이 모여들었습니다.

❷ 부모님과 함께 간 연주회에서 첼로 [ㅇ][ㅈ]를 처음 들었습니다.

❸ 연극 [ㄱ][ㅇ]은 배우들이 움직이는 모습을 실제로 볼 수 있어서 흥미로웠습니다.

1

어휘 확인

다음 뜻에 알맞은 낱말을 보기에서 찾아 기호를 쓰세요.

보기
ㄱ 연주   ㄴ 청중   ㄷ 참여하다   ㄹ 개최하다

(1) 모임이나 행사, 회의 등을 맡아서 열다.   (   )
(2) 강연이나 음악 등을 듣기 위해 모인 사람들.   (   )
(3) 악기를 다루어 곡을 표현하거나 들려주는 일.   (   )
(4) 여러 사람이 같이 하는 어떤 일에 끼어들어 함께 일하다.   (   )

2

어휘 적용

다음 문장에 어울리는 낱말을 찾아 ○표 하세요.

(1) 합창단이 피아노 (반주 / 개최)에 맞추어 노래를 불렀다.

(2) 공연장은 인기 가수의 콘서트를 보러 온 (공연 / 청중)으로 가득 찼다.

3

어휘 적용

다음 중 밑줄 친 낱말을 알맞게 사용한 친구를 모두 찾아 ○표 하세요.

나는 「토끼의 재판」 연극에 '소나무' 역을 맡아 참여했어.
(   )

지난 토요일에 인형들이 등장하는 「오즈의 마법사」 공연을 봤어.
(   )

마술사가 사람을 사라지게 하는 연주를 보고 깜짝 놀랐어.
(   )

4 다음 글의 밑줄 친 낱말과 뜻이 비슷한 낱말은 무엇인가요? (   )

> 해마다 ○○시가 <u>개최하는</u> 한여름 밤의 음악회가 오는 8월 10일부터 15일까지 열린다. 저녁 7시부터 9시까지 ○○시 파랑공원 야외 공연장에서 수준 높은 클래식 음악을 감상할 수 있다.

① 경험하는　　　　② 판매하는　　　　③ 개발하는
④ 지급하는　　　　⑤ 주최하는

5 다음 대화에서 밑줄 친 낱말과 뜻이 비슷한 낱말을 찾아 쓰세요.

> 누나: 세계적으로 유명한 뮤지컬 「레 미제라블」 <u>공연</u>을 한대요.
> 성현: 뮤지컬이 뭐예요?
> 아빠: 노래와 춤이 있는 연극이란다.
> 엄마: 「레 미제라블」은 나도 무척 보고 싶었던 작품이야. 우리 언제 보러 갈까?
> 누나: 상연 기간이 오늘부터 두 달 동안이니 다음 주에 가요.

(　　　　　　　)

관용 표현

6 다음 글에서 밑줄 친 관용어의 뜻으로 알맞은 것을 찾아 ○표 하세요.

> 위대한 음악가인 베토벤은 26살 무렵부터 귀가 점점 들리지 않게 되었다. 하지만 베토벤은 포기하지 않고 더 열심히 음악을 만들었다. 교향곡 제9번 「합창」의 첫 **공연** 날이었다. **연주**가 끝나자 음악에 깊은 감동을 받은 **청중**이 <u>우레와 같은 박수</u>를 쳤다. 지휘를 마친 베토벤은 그 소리를 듣지 못해 우두커니 서 있었다. 그때 한 연주자가 청중을 향해 베토벤의 몸을 돌려 주었다. 그제야 베토벤은 자신의 음악에 환호를 보내는 사람들을 볼 수 있었다.

(1) 몇 사람이 가끔씩 짧게 치는 박수.　　　　　　　　　　　　　　(　　　)
(2) 소리를 내지 않고 시늉만 하는 박수.　　　　　　　　　　　　　(　　　)
(3) 많은 사람이 치는 매우 큰 소리의 박수.　　　　　　　　　　　(　　　)

독해로
어휘 마무리

오늘의
나의 실력은?

최고야 좋았어 힘내자

7주 1일
정답확인

[7~8] 다음 뮤지컬 감상문을 읽고, 물음에 답하세요.

　　뮤지컬 「안중근」을 보았다. 「안중근」은 독립 운동가인 안중근 의사의 삶을 그린 작품이다. 얼마 전에 안중근 의사의 전기문을 읽고 감동을 받았다. 그래서 뮤지컬 「안중근」도 꼭 한번 보고 싶었다.

　　나는 이번에 뮤지컬을 처음 보았는데, 연극과 달리 배우들이 노래를 불렀다. 무대 앞 숨겨진 공간에서는 연주자들이 직접 **연주**를 한다고 했다. **공연**이 시작되자 안중근 의사 역의 배우와 다른 독립 운동가 역의 배우들이 무대에 서 있었다. (　　㉠　　)가 흘러나오고 안중근 의사 역의 배우가 먼저 노래를 불렀다. 뒤이어 나머지 배우들이 함께 노래했다. 나라를 되찾기 위해 목숨 바쳐 싸우겠다는 내용이었다. 여러 사람이 함께 부르는 노랫소리가 공연장 가득 울려 퍼졌다. 나는 눈물이 핑 돌면서 가슴이 벅차올랐다.

　　안중근 의사가 이토 히로부미에게 총을 쏘는 장면, 재판을 받으며 당당하게 말하는 장면에서 부른 노래들도 좋았다. 내용을 전부 이해할 수는 없었지만 정말 멋진 공연이었다. 전기문을 읽었을 때보다 더욱 감동이 컸다. 나는 음악의 힘이 참 강하다고 느꼈다.

◆**의사:** 나라와 민족을 위해 몸을 바쳐 일한 의로운 사람.

◆**전기문:** 실존 인물이 일생 동안 한 일이나 업적을 기록한 글.

◆**벅차올랐다:** 큰 감격이나 기쁨으로 가슴이 몹시 뿌듯하여 왔다.

7　㉠에 들어갈 낱말로 알맞은 것을 찾아 ○표 하세요.

(1) 인사 (　　　　　)　　　　(2) 반주 (　　　　　)　　　　(3) 박수 (　　　　　)

8　뮤지컬 「안중근」을 보고 글쓴이가 생각하거나 느낀 점으로 알맞은 것을 모두 고르세요.

(　　　,　　　,　　　)

① 음악의 힘이 강하다는 것을 느꼈다.

② 연극과 달리 배우들이 노래를 불렀다.

③ 독립 운동가인 안중근 의사의 삶을 그린 작품이다.

④ 안중근 의사의 전기문을 읽었을 때보다 더욱 감동이 컸다.

⑤ 무대에서 배우들이 함께 부르는 노래를 듣고 가슴이 벅차올랐다.

음악, 문화와 관련된 말 ❷

✏️ 다음 낱말의 뜻을 보고, 밑줄 친 낱말을 알맞게 사용한 친구에게 모두 ○표 하세요.

박자(拍 손뼉칠 박, 子 아들 자)

음악에서, 센 소리와 여린 소리가 규칙적으로 반복되면서 생기는 리듬. 또는 그 단위.
㉠ 악보를 보고 박자에 맞추어 실로폰을 쳤다.

음색(音 소리 음, 色 빛 색)

어떤 소리가 지닌 독특한 성질.
㉠ 내 친구 선정이는 음색이 독특해서 목소리를 구별하기 쉽다.

작곡(作 지을 작, 曲 가락 곡)

음악 작품을 창작하는 일. 또는 시나 가사에 가락을 붙이는 일.
㉠ 국어 시간에 지은 시에 음을 붙여 작곡을 해 보았다.

켜다

바이올린, 첼로 등 현악기의 줄을 활로 문질러 소리를 내다.
모양이 같은 말 켜다: 전기 기구를 작동하게 하다.
㉠ 윗집에서 바이올린을 켜는 소리가 들려왔다.

합주(合 합할 합, 奏 아뢸 주)

두 가지 이상의 악기로 동시에 연주함. 또는 그런 연주.
반대말 독주
㉠ 음악 시간에 친구들과 다양한 악기로 합주를 했다.

화음(和 화목할 화, 音 소리 음)

높이가 다른 둘 이상의 음이 함께 어울리는 소리.
㉠ 친구와 함께 화음을 넣어 노래했다.

혼자 피아노 합주를 했어.

(   )

이 곡은 박자가 빨라서 연주하기 힘들어.

(   )

지유가 고운 음색으로 노래하면 무척 듣기 좋아.

(   )

1 다음 낱말의 뜻풀이에 들어갈 알맞은 말을 보기에서 찾아 쓰세요.

어휘
확인

보기

줄, 악기, 음악, 소리

(1) 음색: 어떤 (   )이/가 지닌 독특한 성질.

(2) 합주: 두 가지 이상의 (   )(으)로 동시에 연주함. 또는 그런 연주.

(3) 작곡: (   ) 작품을 창작하는 일. 또는 시나 가사에 가락을 붙이는 일.

(4) 켜다: 바이올린, 첼로 등 현악기의 (   )을/를 활로 문질러 소리를 내다.

2 다음 낱말이 들어갈 문장을 찾아 선으로 이으세요.

어휘
적용

(1) 화음 •

(2) 음색 •

(3) 박자 •

• ㉮ 빠른 (   )에 맞추어 손뼉을 치며 노래를 불렀다.

• ㉯ 여러분, (   )을/를 넣어 이 노래를 다시 불러 봅시다.

• ㉰ 현아는 악기 소리 중 첼로의 낮고 부드러운 (   )을/를 좋아한다.

3 다음 문장에서 밑줄 친 낱말을 알맞게 사용했으면 ⬤에 ○표, 잘못 사용했으면 ◉에 ○표 하세요.

어휘
적용

(1) 민수는 날마다 두 시간씩 피아노를 <u>켰다</u>. → ⬤ , ◉

(2) 오빠는 모차르트가 <u>작곡</u>을 한 음악을 즐겨 듣는다. → ⬤ , ◉

(3) 음악 시간에 실로폰, 리코더, 탬버린으로 <u>합주</u>를 했다. → ⬤ , ◉

4 다음 글의 밑줄 친 낱말과 뜻이 반대인 낱말을 찾아 ○표 하세요.

어휘
확장

'오케스트라'는 여러 가지 악기가 함께 <u>합주</u>를 하는 음악 또는 단체를 말해요. 관현악 또는 관현악단이라고도 해요. 오케스트라는 가장 큰 연주의 형태로, 60~120명 정도의 연주자로 이루어져요. 지휘자의 지휘에 따라 플루트, 바이올린, 클라리넷, 트럼펫, 팀파니 등 여러 악기의 소리가 어우러져 웅장한 음악을 들려주지요.

(반주, 독주, 연주)

5 다음 문장에서 밑줄 친 낱말의 뜻을 보기 에서 찾아 기호를 쓰세요.

어휘
확장

보기
㉠ 전기 기구를 작동하게 했다.
㉡ 바이올린, 첼로 등 현악기의 줄을 활로 문질러 소리를 냈다.

(1) 만화 영화를 보려고 텔레비전을 <u>켰다</u>.   (   )
(2) 연주자가 무대 위에서 바이올린을 <u>켰다</u>.   (   )

관용 표현

6 다음 글의 빈칸에 들어갈 관용어로 알맞은 것을 찾아 ○표 하세요.

「클래식은 내 친구」 공연을 보러 갔다. 별로 가고 싶지 않았는데 엄마께서 재미있을 거라고 말씀하시며 데려가셨다. 무대에서 일곱 명의 연주자가 **합주**를 시작했다.
'어? 이 음악 들어 본 건데?'
그 뒤로도 어디선가 들어 본 (   ) 음악들이 이어졌다. 공연이 끝나고 엄마께 여쭤보았더니 처음 들었던 곡은 엘가가 **작곡**을 한 「사랑의 인사」라고 알려 주셨다. 클래식 음악은 낯설고 어려운 것이라고만 생각했는데 우리에게 친숙한 음악이 많다는 것을 알게 되었다.

(1) 귀청이 떨어지는: 소리가 몹시 큰.   (   )
(2) 귀에 익은: 들은 기억이 있어 친숙한.   (   )
(3) 귀를 의심하는: 믿기 어려운 말을 들어 잘못 들은 것이 아닌가 생각하는.   (   )

독해로
어휘 마무리

오늘의
나의 실력은?

최고야   좋았어   힘내자

7주 2일
정답확인

[7~8] 다음 설명하는 글을 읽고, 물음에 답하세요.

악기는 소리를 내는 방법에 따라 타악기, 현악기, 관악기로 나눌 수 있다. 타악기는 두드려서 소리를 내는 악기이다. 큰북, 작은북, 트라이앵글, 심벌즈 등의 타악기는 **박자**에 맞춰 두드려 연주한다. 현악기는 줄로 소리를 내는 악기이다. 악기에 달려 있는 줄을 활로 (㉠   ) 손으로 튕겨 연주한다. 현악기에는 바이올린, 첼로, 기타, 하프 등이 있다. 관악기는 입으로 불어서 소리를 내는 악기이다. 만드는 재료에 따라 목관 악기와 금관 악기로 나뉜다. 나무로 만든 목관 악기에는 클라리넷, 리코더 등이 있고 금속으로 만든 금관 악기에는 트럼펫, 호른 등이 있다.

이러한 악기들은 저마다 다른 **음색**을 가지고 있다. 같은 현악기라도 바이올린 소리는 높고 가벼운 느낌이고, 첼로는 낮고 묵직한 느낌이다. 또 목관 악기인 클라리넷의 음색은 맑고 깨끗한데, 금관 악기인 트럼펫은 날카롭고 카랑카랑하다. 여러 악기로 (㉡   )를 할 때 우리가 악기 소리를 구분할 수 있는 것은 각 악기가 가진 고유한 음색 때문이다. 음악가는 아름다운 음악을 표현하기 위해 여러 악기의 음색이 잘 어울리도록 **작곡**을 한다.

7 ㉠, ㉡에 들어갈 알맞은 낱말을 찾아 ○표 하세요.

(1) ㉠: (불거나, 치거나, 켜거나)   (2) ㉡: (독주, 합주, 박자)

8 이 글을 읽고, 악기에 대해 <u>잘못</u> 정리한 부분의 번호를 쓰세요. (   )

악기	타악기	① 두드려서 소리를 내는 악기 ② 큰북, 작은북, 트라이앵글, 심벌즈 등
	현악기	③ 줄로 소리를 내는 악기 ④ 바이올린, 첼로, 기타, 하프 등
	관악기	⑤ 손으로 튕겨서 소리를 내는 악기 ⑥ 목관 악기: 클라리넷, 리코더 등 ⑦ 금관 악기: 트럼펫, 호른 등

음악, 문화와 관련된 말 ❸

✏️ 다음 낱말이 사용된 상황을 보고, 뜻에 맞는 낱말을 써넣어 사전을 완성하세요.

우리나라를 관광하는 외국인들이 많다고 해요. 관광 온 외국인들을 위해 무엇을 하면 좋을까요?

우리나라의 특색 있는 문화를 체험할 기회를 마련하고, 다양한 전통 음식을 널리 알려요.

가치 있는 유적이나 유물들을 소개해 주면 좋겠어요.

높은 시민 의식으로 깨끗하고 쾌적한 환경을 만들고, 관광객에게 친절하게 대해 줘요.

어휘 사전

❶ ㄱ ㅊ (價 값 가, 値 값 치)

: 사물이 지니고 있는 쓸모나 중요성.

❷ ㄱ ㄱ (觀 볼 관, 光 빛 광)**하다**

: 다른 지방이나 다른 나라에 가서 그곳의 경치, 풍습, 풍물 등을 구경하다.

❸ ㄷ ㅇ (多 많을 다, 樣 모양 양)**하다**

: 색깔, 모양, 내용 등이 여러 가지로 많다.

❹ ㅇ ㅅ (意 뜻 의, 識 알 식)

: 개인이나 집단 사이에 생기는, 어떤 사물이나 일에 대한 의견이나 생각.

❺ ㅊ ㅎ (體 몸 체, 驗 시험 험)**하다**

: 자기가 몸으로 직접 겪다.
비슷한말 경험하다

❻ ㅌ ㅅ (特 특별할 특, 色 빛 색)

: 보통의 것과 다른 점. 비슷한말 특징

1 다음 낱말의 뜻에 알맞게 선으로 이으세요.

어휘
확인

(1) 다양하다 • • ㉮ 자기가 몸으로 직접 겪다.

(2) 관광하다 • • ㉯ 색깔, 모양, 내용 등이 여러 가지로 많다.

(3) 체험하다 • • ㉰ 다른 지방이나 다른 나라에 가서 그곳의 경치, 풍습, 풍물 등을 구경하다.

2 다음 낱말의 뜻에 알맞은 낱말을 찾아 ○표 하세요.

어휘
확인

(1) 특색 보통의 것과 (같은, 다른) 점.

(2) 가치 사물이 지니고 있는 (쓸모, 특징)(이)나 중요성.

(3) 의식 개인이나 집단 사이에 생기는, 어떤 사물이나 일에 대한 (의견, 걱정)이나 생각.

3 다음 친구들의 말에 어울리는 낱말을 보기 에서 찾아 쓰세요.

어휘
적용

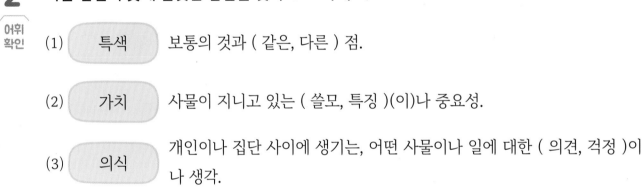

보기
다양, 의식, 가치, 관광

(1) 승미: 우리 동네는 이웃끼리 친해서 공동체 (   )이/가 높아.
(2) 우진: 큰 옷 가게에 갔더니 (   )한 종류의 옷이 많이 있더라.
(3) 나영: 할머니, 할아버지께서 일주일 동안 일본을 (   )하고 돌아오셨어.
(4) 태희: 앞으로 시간을 함부로 보내지 않고 (   ) 있게 쓰려고 노력해야지.

4 다음 글의 밑줄 친 낱말과 바꾸어 쓸 수 있는 낱말은 무엇인가요? (   )

> 외국인들이 한국의 전통문화를 <u>체험하는</u> 여행을 하고 있습니다. 여행객들은 한옥에 머물면서 민요를 배우고 김치를 담그며 즐거운 시간을 보냈습니다. 영국에서 온 제임스는 "체험 여행은 한국을 더 잘 이해하는 기회가 됩니다."라고 말했습니다.

① 평가하는   ② 상상하는   ③ 참가하는
④ 모험하는   ⑤ 경험하는

5 다음 글의 밑줄 친 낱말과 뜻이 비슷한 낱말을 찾아 ○표 하세요.

> 베트남 음식점에서 외식을 했다. 나는 베트남 음식 중에 쌀국수만 먹어 보았는데, 이곳에는 짜조, 분짜, 반미 등 <u>특색</u> 있는 음식이 많았다. 가게를 베트남 분위기가 나게 꾸며 놓아서 진짜 베트남에 온 것 같았다.

(1) 특급 (   )   (2) 특기 (   )
(3) 특집 (   )   (4) 특징 (   )

6 다음 글의 빈칸에 들어갈 한자 성어로 알맞은 것을 찾아 ○표 하세요.

> 세계에는 많은 나라가 있고, 각 나라는 고유의 문화를 가지고 있어요. 옷차림, 즐겨 먹는 음식, 명절을 보내는 모습, 사람들이 믿는 종교 등이 저마다 다르지요. 우리는 (   )의 문화를 이해하고 존중해야 해요. 우리와 다르다고 이상하게 보거나 잘 사는 나라의 문화만 좋게 여기지 않아야 해요. 문화는 그 자체로 고유한 **가치**를 지니고 있답니다.

(1) 양자택일(兩者擇一): 둘 중에 하나를 고름.   (   )

(2) 각양각색(各樣各色): 각기 다른 여러 가지 모양과 빛깔.   (   )

(3) 표리부동(表裏不同): 겉으로 드러나는 말이나 행동과 속으로 가지는 생각이 다름.

(   )

독해로
어휘 마무리

오늘의
나의 실력은?

최고야   좋았어   힘내자

7주 3일
정답확인

[7~8] 다음 기행문을 읽고, 물음에 답하세요.

할머니의 60세 생신을 맞아 캄보디아로 가족 여행을 갔다. 나는 해외여행이 처음이어서 무척 설렜다. 우리는 캄보디아에 도착해서 앙코르 와트 유적지를 ㉠학습했다. 아빠가 이곳은 세계 문화유산으로 지정된 세계적인 관광지라고 하셨다. 그리고 800년 전에 세운 힌두교 사원이라고 알려 주셨다.

나는 힌두교에 대해 모르지만 사원이 참 멋있다고 느꼈다. 사원에는 **특색** 있는 건물과 탑이 많았다. 벽에는 **다양한** 조각들이 빼곡했다. 특히 머리가 3개인 코끼리 조각이 눈길을 끌었다. 아빠가 그 조각은 코끼리의 신 '아이라바타'라고 하셨다. 옛날 캄보디아 사람들이 코끼리의 신을 믿었다는 게 흥미로웠다.

앙코르 와트에서 나를 가장 놀라게 한 것은 사원을 휘감고 있는 거대한 나무뿌리였다.

"이 나무는 400살이 넘었대. 나무를 없애면 사원이 같이 망가져서 그대로 둬야 한다는구나."

할머니께서도 나무가 어떻게 건물에 뿌리를 내리고 수백 년 동안 살 수 있는지 놀랍다고 하셨다.

앙코르 와트 유적지는 우리나라의 옛날 궁궐이나 절, 탑들과 너무나 달랐다. 나는 나라와 종교에 따라 조상들의 문화도 다르다는 것을 알게 되었다.

◆**세계 문화유산:** 유네스코에서 인류 전체를 위해 보호해야 할 보편적 가치가 있다고 인정한 문화유산.
◆**사원:** 절이나 교회 등 종교적 모임을 위한 장소.

7 ㉠을 글의 내용에 맞게 알맞은 낱말로 바꾼 것은 무엇인가요? (   )

① 떠났다   ② 개발했다   ③ 참여했다
④ 관광했다   ⑤ 보존했다

8 글쓴이가 앙코르 와트 유적지에서 본 것으로 알맞은 것을 찾아 ○표 하세요.

- 특색 있는 (캄보디아 사람들, 건물과 탑들)
- 벽에 새긴 (다양한 조각들, 왕들의 이름)
- (머리, 꼬리)가 3개인 코끼리 조각
- 사원을 휘감고 있는 거대한 (나뭇잎, 나무뿌리)

음악, 문화와 관련된 말 ④

✏️ 다음 낱말의 뜻을 보고, 초성에 알맞은 말을 써넣으세요.

오늘의 어휘

- **돋우다:** 감정이나 기운이 생겨나게 하다.
- **문화재**(文 글월 문, 化 될 화, 財 재물 재): 문화적 가치가 뛰어나서 법으로 보호를 받는 유물 및 유적.
- **민속**(民 백성 민, 俗 풍속 속): 민간에서 오래전부터 전해져 내려오는 풍속이나 문화.
- **민중**(民 백성 민, 衆 무리 중): 한 국가나 사회에서 다수를 이루는 보통 사람들. 비슷한말 대중, 백성
- **즐기다:** 어떤 것을 좋아하여 자주 하거나, 그 일에서 재미를 느끼다.
- **흥**(興 일어날 흥): 재미나 즐거움을 일어나게 하는 감정. 비슷한말 신, 신명

1 다음 뜻에 알맞은 낱말을 보기 에서 찾아 쓰세요.

어휘
확인

보기

민속, 민중, 즐기다, 문화재

(1) (   ): 한 국가나 사회에서 다수를 이루는 보통 사람들.

(2) (   ): 민간에서 오래전부터 전해져 내려오는 풍속이나 문화.

(3) (   ): 문화적 가치가 뛰어나서 법으로 보호를 받는 유물 및 유적.

(4) (   ): 어떤 것을 좋아하여 자주 하거나, 그 일에서 재미를 느끼다.

2 다음 밑줄 친 낱말의 뜻에 알맞은 낱말을 찾아 ○표 하세요.

어휘
확인

(1) 흥이 많은 연아가 콧노래를 부르며 춤을 췄다.

➡ 재미나 (그리움, 즐거움)을 일어나게 하는 감정.

(2) 친구가 "너는 할 수 있어!"라고 용기를 돋우어 주었다.

➡ 감정이나 기운이 (생겨나게, 사라지게) 하여.

3 다음 빈칸에 공통으로 들어갈 낱말을 쓰세요.

어휘
적용

• 나는 ☐☐ 놀이 중에 딱지치기가 가장 재미있다.

• 제주도의 옛 모습을 잘 보여 주는 성읍 ☐☐ 마을에 다녀왔다.

• 우리나라의 전통적인 ☐☐ 경기는 씨름, 활쏘기, 줄다리기 등이다.

(   )

4 다음 중 밑줄 친 낱말을 <u>잘못</u> 사용한 문장은 무엇인가요? (   )

어휘
적용

① 신나는 음악을 들으니 절로 <u>흥</u>이 났다.

② 우리 조상들은 예로부터 노래와 <u>춤</u>을 즐겼다.

③ 교실 뒤에 우리 반 친구들이 그린 <u>문화재</u>가 전시되어 있다.

④ 옛날에 <u>민중</u>들은 탈놀이를 하면서 나쁜 양반을 흉보고 놀렸다.

⑤ 옹기 <u>민속</u> 박물관에서 우리 민족이 사용하던 항아리와 그릇들을 보았다.

5 다음 문장의 밑줄 친 낱말과 뜻이 비슷한 낱말을 찾아 선으로 이으세요.

어휘
확장

(1) 할아버지께서는 옛 노래를 들으시고는 <u>흥</u>에 겨워 어깨춤을 추셨다. ·

· ㉮ 대중

(2) 선거에 나온 후보가 수많은 <u>민중</u> 앞에서 연설을 했다. ·

· ㉯ 신명

관용 표현

6 다음 글을 읽고 밑줄 친 속담을 사용할 수 있는 상황을 알맞게 말한 친구를 모두 찾아 ○표 하세요.

불이 나면 얼른 꺼야 합니다. 그런데 불이 붙은 곳에 부채질을 하면 바람이 일어나 불이 더 활활 타오르게 됩니다. '<u>불난 집에 부채질한다</u>'는 속담은 남의 재앙을 점점 더 커지도록 만들거나, 성난 사람의 화를 **돋우어** 더욱 성나게 함을 빗대어 이르는 말입니다.

(1) 유석: 다혜에게 희수 흉을 보고 있을 때 희수가 갑자기 나타나서 깜짝 놀랐어.

(   )

(2) 해솔: 숙제를 미루다가 엄마께 꾸중을 듣고 있었는데, 동생이 내가 불량 식품 사 먹은 일까지 일러서 엄청 혼났어.

(   )

(3) 세경: 친구가 나랑 한 약속을 어겨서 화가 났는데, 오빠가 자기 친구들은 모두 약속을 잘 지킨다고 자랑해서 화가 더 났어.

(   )

독해로
어휘 마무리

오늘의
나의 실력은?

최고야

좋았어

함내자

7주 4일
정답확인

[7~8] 다음 설명하는 글을 읽고, 물음에 답하세요.

사물놀이는 네 사람이 꽹과리, 장구, 북, 징의 네 가지 악기를 어우러지게 연주하는 놀이예요. (㉠   ) 음악인 풍물놀이를 바탕으로 새롭게 구성한 음악이지요.

풍물놀이는 농사가 잘되기를 기원하며 농민들이 연주하던 음악이에요. 농악이라고도 하며 넓은 마당에서 다양한 놀이들과 함께 펼쳐졌어요. 사물놀이는 풍물놀이에서 사용하는 태평소, 꽹과리, 장구, 북, 징, 소고 중에서 네 가지 악기만 가지고 연주 부분에 집중해요. 또 풍물놀이와 달리 공연장에서 앉아서 연주해요. 이렇게 연주의 형식과 구성을 바꾼 까닭은 주로 농사를 짓고 살던 옛날에는 마을에서 일상적으로 풍물놀이를 **즐겼지만**, 오늘날에는 그렇게 하지 않기 때문이에요.

사물놀이는 1978년에 첫선을 보였어요. 연주자들이 꽹과리, 징, 장구, 북을 신명 나게 연주하면 너 나 할 것 없이 듣는 사람 모두 어깨가 들썩이고 **흥**이 나지요. 이렇게 흥을 (㉡   ) 사물놀이 공연은 외국에서도 성공을 거두었어요. 힘차고 흥겨운 사물놀이는 세계 여러 나라에 사물놀이 연주단이 있을 정도로 세계인의 사랑을 받고 있어요.

◆ **기원하며:** 바라는 일이 이루어지기를 빌며.
◆ **일상적:** 날마다 볼 수 있는 것.

7 ㉠, ㉡에 들어갈 낱말로 알맞은 것을 찾아 ○표 하세요.

(1) ㉠: 미래, ㉡: 모으는 … (   )   (2) ㉠: 민속, ㉡: 누르는 … (   )

(3) ㉠: 외국, ㉡: 돕우는 … (   )   (4) ㉠: 민속, ㉡: 돕우는 … (   )

8 사물놀이에 대한 설명으로 알맞지 <u>않은</u> 것은 무엇인가요? (   )

① 공연장에서 앉아서 연주한다.
② 외국에서도 사물놀이 공연이 성공을 거두었다.
③ 풍물놀이를 바탕으로 새롭게 구성한 음악이다.
④ 꽹과리, 장구, 북, 징의 네 가지 악기를 연주한다.
⑤ 옛날에 농민들이 농사가 잘되기를 기원하며 연주하였다.

음악, 문화와 관련된 말

✏️ 다음 뜻풀이를 보고, 십자말풀이를 완성하세요.

[십자말풀이 칸: 1, 2, 3, 4, 5, 6, 7, 8, 9, 10 번호 표시]

➡️ 가로

2 어떤 소리가 지닌 독특한 성질.

4 높이가 다른 둘 이상의 음이 함께 어울리는 소리.

6 색깔, 모양, 내용 등이 여러 가지로 많다.

9 두 가지 이상의 악기로 동시에 연주함. 또는 그런 연주.

10 모임이나 행사, 회의 등을 맡아서 열다.

⬇️ 세로

1 보통의 것과 다른 점.

3 문화적 가치가 뛰어나서 법으로 보호를 받는 유물 및 유적.

5 바이올린, 첼로 등 현악기의 줄을 활로 문질러 소리를 내다.

7 노래나 악기 연주를 돕기 위해 옆에서 다른 악기를 연주함. 또는 그렇게 하는 연주.

8 감정이나 기운이 생겨나게 하다.

[1~2] 다음 글의 밑줄 친 낱말과 바꾸어 쓸 수 있는 낱말을 찾아 ✓표 하세요.

1

사촌 언니와 어린이 연극 「북극곰」을 보았다. 얼음이 녹아 가는 북극에서 살아가는 개구쟁이 북극곰 '고미'의 이야기였다. 우리는 공연을 한 1시간이 어떻게 지나갔는지 모르게 재미를 느끼며 연극을 보았다.

① 공개   ② 입장   ③ 연주   ④ 상연   ⑤ 청중

2

가족이 함께 천연 염색을 체험할 수 있는 프로그램을 소개합니다. 충청도에 있는 ○○ 공방에서는 자연에서 얻은 재료들을 이용해 아름다운 색으로 옷을 물들입니다. 아이들이 천연 염색에 사용되는 꽃과 열매도 직접 따올 수 있습니다.

① 예상할   ② 경험할   ③ 계획할
④ 경청할   ⑤ 따라할

[3~4] 다음 관계의 두 낱말을 찾아 기호를 쓰세요.

3

서준이네 반 친구들이 ㉠교실에서 작은 ㉡음악회를 열기로 했어요. 바이올린을 잘 켜는 소희가 먼저 말했어요.
"나는 바이올린 ㉢독주를 할게."
서준이와 민수, 보경이도 함께 ㉣연주를 해 보자고 뜻을 모았어요.
"우리는 리코더, 멜로디언, 실로폰으로 ㉤합주를 해 보자."

• 뜻이 반대인 낱말: ▭ ↔ ▭

4

민요는 옛날에 ㉠민중들이 불렀던 ㉡노래입니다. 여럿이 힘든 일을 할 때나 모여서 즐겁게 놀 때 불렀습니다. 또 죽은 사람의 장례를 치르는 것처럼 중요한 의식에서 부르기도 했습니다. 민요에는 ㉢백성들의 생활과 ㉣감정이 잘 담겨 있습니다. 또 민요를 부르는 ㉤지역의 말씨와 사투리가 나타나기도 합니다.

• 뜻이 비슷한 낱말: ▭ - ▭

[5~6] 다음 글의 [　　] 에 들어갈 알맞은 낱말을 찾아 ○표 하세요.

5

세계 문화유산이란 유네스코에서 세계 여러 나라에 있는 문화유산 중에서 특별히 보호해야 할 [흥 | 음색 | 가치] 이/가 있다고 여겨지는 것을 뽑아 지정한 것이 에요. 세계 문화유산으로 지정된 우리 문화재로는 석굴암과 불국사, 합천 해인사 장경 판전, 조선 시대에 왕과 왕비의 제사를 지내던 종묘, 경주 역사 유적 지구, 수원 화성, 고창·화순·강화 고인돌 유적 등이 있어요.

6

바이올린 독주회에 갔는데 무대 위에 바이올린 연주자와 피아노 연주자가 있다면 '악기가 두 종류인데 왜 독주회이지?' 하고 고개를 갸웃할 수도 있다. 이런 경우 피아노는 바이올린 연주가 돋보이도록 돕는 역할을 한다. 이와 마찬가지로 무대에서 노래를 할 때에도 주로 피아노가 [공연 | 반주 | 화음] 을/를 한다.

[7~8] 다음 **보기**의 뜻을 보고, 빈칸에 들어갈 알맞은 낱말을 쓰세요.

보기

- 다양하다: 색깔, 모양, 내용 등이 여러 가지로 많다.
- 즐기다: 어떤 것을 좋아하여 자주 하거나, 그 일에서 재미를 느끼다.

7 운동을 좋아하는 윤재가 축구를 (　　　　　　　　).

8 도서관에 있는 책은 그 종류가 무척 (　　　　　　　　).

한 걸음 더!

오늘의
나의 실력은?

최고야   좋았어   힘내자

○ '音'(음)이 들어간 낱말은 '소리, 음악'과 관련 있어요. '音'(음)이 들어간 낱말을 알아보아요.

음표

악보에서 음의 길이와 높낮이를
나타내는 기호.

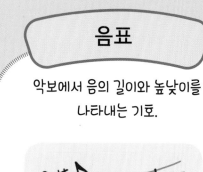

음악회

음악을 연주하여 청중이
음악을 감상하게 하는 모임.

音
소리 음

녹음

실제의 소리를 나중에 그대로
다시 들을 수 있도록 기계 장치에
옮겨 놓는 것. 또는 그렇게 옮겨 놓은 소리.

음치

음악의 가락, 높낮이에 대한
감각이 둔하여 노랫소리를
제대로 내지 못하는 사람.

Q 다음 문장에 알맞은 낱말을 찾아 ○표 하세요.

(1) 음악가가 오선지에 (음표, 음악회)를 그리면서 노래를 작곡했다.

(2) 태우는 그림을 무척 잘 그리지만 (음표, 음치)여서 노래는 못한다.

(3) 가수가 꿈인 희서는 자신의 노랫소리를 (음치, 녹음)을/를 하여 들어 보았다.

약속, 규칙과 관련된 말 ①

✏️ 다음 낱말이 사용된 상황을 보고, 초성에 알맞은 낱말을 써넣어 짧은 글을 완성하세요.

공원에 함부로 쓰레기를 버리면 어떡하니? 공공장소에서는 저 안내문의 내용처럼 시설물을 망가뜨리거나 남에게 피해를 주는 행동을 하면 안 돼.

죄송해요. 앞으로는 규칙을 지키기 위해 최선을 다할게요.

― 공원 이용 안내문 ―

오늘의 어휘

• **공공장소**(公 공평할 공, 共 함께 공, 場 마당 장, 所 바 소): 여러 사람이 함께 이용하는 곳.

• **규칙**(規 법 규, 則 법 칙): 여러 사람이 다 같이 지키기로 정한 법칙.
  비슷한말 규율

• **시설물**(施 베풀 시, 設 베풀 설, 物 물건 물): 어떤 목적을 위해 만들어 놓은 건물이나 도구, 기계, 장치 등의 물건.

• **안내문**(案 책상 안, 內 안 내, 文 글월 문): 어떤 내용을 소개하여 알려 주는 글.

• **최선**(最 가장 최, 善 착할 선): 모든 정성과 힘.
  반대말 최악

• **함부로**: 조심하거나 깊이 생각하지 않고 마구.
  비슷한말 되는대로, 마구

📝 **짧은 글짓기**

❶ 길가의 꽃을 [ㅎ][ㅂ][ㄹ] 꺾으면 안 됩니다.

❷ [ㄱ][ㄱ][ㅈ][ㅅ]에서는 뛰어다니지 않아야 합니다.

❸ 위험하니 난간에 기대지 말라는 [ㅇ][ㄴ][ㅁ]이 붙어 있는 것을 보았습니다.

1 다음 뜻에 알맞은 낱말을 찾아 선으로 이으세요.

어휘
확인

(1) 모든 정성과 힘. •

(2) 어떤 내용을 소개하여 알려 주는 글. •

(3) 여러 사람이 다 같이 지키기로 정한 법칙. •

• ㉮ 규칙

• ㉯ 최선

• ㉰ 안내문

2 다음 낱말의 뜻으로 알맞은 것을 찾아 ○표 하세요.

어휘
확인

함부로
(1) 조심하거나 깊이 생각하지 않고 마구. (　　　)
(2) 차례나 방향, 또는 형편 등이 반대로 되게. (　　　)

시설물
(1) 미리 마련하여 갖추어 놓는 물건. (　　　)
(2) 어떤 목적을 위해 만들어 놓은 건물이나 도구, 기계, 장치 등의 물건.
(　　　)

3 다음 중 빈칸에 '규칙'이 들어가기에 알맞은 문장을 모두 찾아 기호를 쓰세요.

어휘
적용

㉠ 우리 반 (　　)은 '교실에서 뛰지 않는다.'이다.

㉡ 오랫동안 (　　)이 끊긴 친구에게 연락이 왔다.

㉢ 경기 (　　)을 어긴 선수가 심판에게 경고를 받았다.

㉣ 민호와 수지는 2시에 놀이터에서 만나기로 (　　)했다.

(　　,　　)

4 다음 문장에 어울리는 낱말을 보기에서 찾아 쓰세요.

어휘
적용

┌─────────────── 보기 ───────────────┐
최선, 안내문, 공공장소
└────────────────────────────────────┘

(1) 미술관 입구에 붙어 있는 (   )에 전시 중인 작품을 만지면 안 된다고
쓰여 있다.

(2) 저희 식당은 손님들께 맛있는 음식을 드리기 위해 (   )의 노력을 다
하고 있습니다.

(3) 영화관, 도서관 등의 (   )에서는 조용히 말하고, 쓰레기를 아무 데나
버리지 않아야 한다.

5 다음 글의 밑줄 친 낱말과 뜻이 비슷한 낱말을 모두 고르세요. (,   )

어휘
확장

> 별숲공원은 많은 주민이 함께 이용하는 장소입니다. 공원의 여러 시설물과 꽃, 나
> 무, 잔디를 보호해 주세요. 공원에 있는 꽃을 <u>함부로</u> 꺾거나 열매를 따 가지 마세요.

① 마구   ② 거의   ③ 저절로
④ 정성스레   ⑤ 되는대로

관용 표현

6 다음 글에서 밑줄 친 관용어의 뜻으로 알맞은 것을 찾아 ○표 하세요.

> 음식점은 여러 사람이 식사를 하는 곳입니다. 그런데 음식점에서 크게 떠들거나 장
> 난을 치며 돌아다니는 어린이들이 있습니다. 이런 행동은 다른 손님들의 <u>눈살을 찌푸
> 리게</u> 합니다. 음식점도 도서관이나 병원 같은 **공공장소**입니다. 다른 사람들에게 피해
> 를 주는 행동을 하지 않도록 주의합시다.

(1) 매우 놀라거나 좋아하게.   (   )
(2) 말을 하지 못하고 눈물을 먼저 흘리게.   (   )
(3) 마음에 들지 않아 두 눈썹 사이를 찡그리게.   (   )

독해로
어휘 마무리

오늘의
나의 실력은?
최고야 좋았어 함내자

8주 1일
정답확인

[7~8] 다음 생활문을 읽고, 물음에 답하세요.

> 승환이네 가족이 벚꽃공원에 나들이를 왔다. 벚꽃공원에는 어린이 놀이터도 있었다. 승환이와 동생이 신나게 놀이터로 달려가려고 하자 아빠가 말씀하셨다.
> "잠깐만. 놀기 전에 놀이터 이용 (㉠   )을 읽어 보자."
>
> ### <벚꽃공원 어린이 놀이터 이용 안내문>
>
> • 일곱 살 이하의 어린이는 어른의 보호를 받으며 놀아야 합니다.
> • 끈이 달린 옷을 입거나 슬리퍼를 신고 놀이 기구를 타지 않습니다.
> • 난간과 밧줄이 있는 놀이 기구는 항상 두 손으로 잡고 이용합니다.
> • 놀이 기구에 낙서를 하거나, 놀이터의 **시설물**을 (㉡   ) 망가뜨리지 않습니다.
> • 사람이 많을 때에는 차례를 지켜 놀이 기구를 이용합니다.
> • 놀이터 안에서 야구, 축구 등 공놀이를 하면 안 됩니다.
> • 다친 사람이 있을 때에는 곧바로 어른들께 도움을 요청합니다.
>
> 아빠는 안전하게 놀이터를 이용하려면 **안내문**에 쓰인 **규칙**을 잘 지켜야 한다고 하셨다.
>
> ✦**이하:** 수량이나 정도가 일정한 기준을 포함하여 그보다 적거나 모자란 것.
> ✦**요청합니다:** 필요한 일을 해 달라고 부탁합니다.

7 ㉠, ㉡에 들어갈 낱말이 모두 알맞은 것을 찾아 ○표 하세요.

(1) ㉠: 안내문, ㉡: 가끔 ‥‥‥ (   )   (2) ㉠: 안내문, ㉡: 함부로 … (   )

(3) ㉠: 기사문, ㉡: 함부로 … (   )   (4) ㉠: 편지글, ㉡: 제대로 … (   )

8 승환이가 읽어 본 '놀이터 이용 안내문'의 내용으로 알맞은 것을 모두 고르세요.

(,   ,   )

① 놀이 기구에 낙서를 하지 않는다.
② 차례를 지켜 놀이 기구를 이용한다.
③ 어른은 놀이터 안에 들어오면 안 된다.
④ 놀이터 안에서 야구, 축구 등 공놀이를 하지 않는다.
⑤ 슬리퍼를 신었을 때에는 놀이 기구를 두 손으로 잡고 이용한다.

약속, 규칙과 관련된 말 ②

✏️ 다음 낱말의 뜻을 보고, 초성에 알맞은 말을 써넣으세요.

오늘의 어휘

- **대중교통**(大 큰 대, 衆 무리 중, 交 사귈 교, 通 통할 통): 버스나 지하철과 같이 여러 사람이 이용하는 교통수단.
- **벌금**(罰 벌줄 벌, 金 돈 금): 법이나 규칙, 약속을 어겼을 때 벌로 내게 하는 돈. [반대말] 상금
- **양보**(讓 사양할 양, 步 걸음 보)**하다**: 먼저 어떤 일을 하라고 남에게 길, 자리, 물건 등을 내주고 물러나다.
- **제한**(制 억제할 제, 限 한계 한): 일정한 정도나 범위를 정하거나, 그 정도나 범위를 넘지 못하게 막음.
- **처벌**(處 곳 처, 罰 벌줄 벌)**하다**: 법에 따라 벌을 주다. [비슷한말] 벌주다, 벌하다
- **통행**(通 통할 통, 行 다닐 행): 어떤 장소를 지나다님. [비슷한말] 왕래

1 다음 낱말의 뜻을 보기에서 찾아 기호를 쓰세요.

어휘
확인

보기

㉠ 법에 따라 벌을 주다.

㉡ 버스나 지하철과 같이 여러 사람이 이용하는 교통수단.

㉢ 먼저 어떤 일을 하라고 남에게 길, 자리, 물건 등을 내주고 물러나다.

㉣ 일정한 정도나 범위를 정하거나, 그 정도나 범위를 넘지 못하게 막음.

(1) 제한 ········ (   )   (2) 대중교통 ··· (   )

(3) 처벌하다 ··· (   )   (4) 양보하다 ··· (   )

2 다음 밑줄 친 낱말의 뜻에 알맞은 말을 찾아 ○표 하세요.

어휘
확인

(1) 공사 때문에 이 길로는 <u>통행</u>을 할 수 없다.

➡ 어떤 장소를 (처음 감, 지나다님).

(2) 운전자가 교통 신호를 지키지 않아 <u>벌금</u>을 냈다.

➡ 법이나 규칙, 약속을 어겼을 때 벌로 내게 하는 (돈, 물건).

3 다음 낱말이 들어갈 문장을 찾아 선으로 이으세요.

어휘
적용

(1) 대중교통 •

•㉮ 이 도로는 자전거의 (   ) 이 금지되었다.

(2) 통행 •

•㉯ 아빠는 평소에 자가용을 집에 두고 (   )으로 출근하신다.

4 다음 중 밑줄 친 낱말을 알맞게 사용한 친구를 모두 찾아 이름을 쓰세요.

어휘
적용

> 규현: 버스에서 할머니께 자리를 <u>양보</u>했어.
> 지원: 나는 <u>제한</u> 시간 60초 동안 퀴즈를 10문제나 맞혔어.
> 세찬: 선생님께서 책을 많이 읽어서 기특하다고 나를 <u>처벌</u>하셨어.

(,   )

5 다음 글의 밑줄 친 낱말과 뜻이 반대인 낱말은 무엇인가요? (   )

어휘
확장

가족회의에서 요즘 집이 너무 지저분하다는 말이 나왔습니다. 그래서 정리 정돈을 위해 가족 모두가 지켜야 할 몇 가지 규칙을 정하였습니다. 이 규칙을 어기면 <u>벌금</u>을 오백 원씩 내기로 했습니다.

① 요금   ② 저금   ③ 송금
④ 상금   ⑤ 모금

관용 표현

6 다음 글의 빈칸에 들어갈 관용어로 알맞은 것을 찾아 ○표 하세요.

> 엄마가 운전하시는 자동차를 타고 할머니 댁에 가는 길이었다. 뒤에서 119 구급차가 사이렌을 울리며 달려왔다. 엄마는 구급차가 먼저 지나갈 수 있도록 옆으로 비켜 주셨다. 다른 차들도 구급차에 길을 **양보**했다.
>   "환자를 태운 구급차는 (   ) 병원으로 가야 한단다. 그러니 구급차가 빨리 갈 수 있도록 앞에 있는 차들이 길을 터 줘야 해."
>   엄마는 구급차의 우선 **통행**은 도로에서 꼭 지켜야 할 약속이라고 말씀하셨다.

(1) 파김치가 되어: 몹시 지치고 피곤한 상태가 되어.   (   )

(2) 그림자를 감추며: 사라져서 모습을 나타내지 않으며.   (   )

(3) 분초를 다투어: 아주 짧은 시간이라도 아끼어 급하게 서둘러.   (   )

독해로
어휘 마무리

오늘의
나의 실력은?

최고야 좋았어 힘내자

8주 2일
정답확인

[7~8] 다음 설명하는 글을 읽고, 물음에 답하세요.

학교 앞에서 '어린이 보호 구역'이라고 쓰인 표지판을 본 적이 있을 거예요. 어린이 보호 구역은 교통사고의 위험으로부터 어린이를 보호하기 위해 정한 곳으로, 유치원이나 초등학교 정문에서 300미터 이내의 길을 말해요. 어린이들은 도로 주변에서 뛰어다니거나 주위를 잘 둘러보지 않고 길을 건너는 경우가 있어요. 또 몸집이 작아서 갑자기 나타나면 운전자가 금세 보지 못하는 일도 생기지요. 이런 점 때문에 어린이가 많이 오가는 학교 근처에서 어린이 교통사고가 자주 일어나고 있어요.

▲ 어린이 보호 구역 표지판

어린이 보호 구역에서는 교통사고의 피해를 줄이기 위해 자동차의 **통행**을 금지하거나 속도 **제한**을 해요. 자동차는 시속 30킬로미터를 넘지 않게 천천히 달려야 하고, 주차를 하면 안 돼요. 이것은 법으로 정한 것이기 때문에 반드시 지켜야 해요. 또 어린이 보호 구역에서 교통사고를 내면 엄하게 (㉠   ).

어린이 스스로도 교통사고가 나지 않도록 조심해야 해요. 길에서 휴대 전화를 보거나 심한 장난을 치면 안 돼요. 길을 건널 때에는 좌우를 잘 살피고 손을 들고 건너야 해요.

◆ **금세:** 지금 바로.
◆ **좌우:** 왼쪽과 오른쪽을 아울러 이르는 말.

7 '어린이 보호 구역'은 무엇인가요? 빈칸에 알맞은 낱말을 쓰세요.

| | | | | 의 위험으로부터 | | | | 를 보호하기 위해 정한 곳으로, 유치원이나 초등학교 정문에서 300미터 이내의 | | .

8 ㉠에 들어갈 낱말로 알맞은 것은 무엇인가요? (   )

① 보호해요   ② 양보해요   ③ 환영해요
④ 칭찬해요   ⑤ 처벌해요

약속, 규칙과 관련된 말 ❸

✏️ 다음 낱말이 사용된 상황을 보고, 뜻에 맞는 낱말을 써넣어 사전을 완성하세요.

재활용 쓰레기를 분류하지 않고 버리는 사람들이 많아요.

반려동물의 배설물을 치우지 않아 동네 길이 지저분하구나.

야간에 시끄러운 소리를 내는 사람들 때문에 소음도 심각해.

이웃에게 피해를 주지 않도록 서로 배려하자고 동네 사람들이 볼 수 있는 누리집에 글을 올려야겠어요.

○○동 게시판

살기 좋은 동네를 만들기 위해 누가 시키지 않아도 자율에 따라 모두 노력하면 좋겠어.

어휘 사전

❶ ㅂ ㅅ ㅁ (排 물리칠 배, 泄 샐 설, 物 만물 물): 몸 밖으로 내보내는 똥이나 오줌, 땀 같은 물질.

❷ ㅂ ㄹ (分 나눌 분, 類 무리 류)하다
: 여럿을 종류에 따라서 나누다.

❸ ㅅ ㅇ (騷 떠들 소, 音 소리 음)
: 불쾌하고 시끄러운 소리.
[비슷한말] 잡음

❹ ㅇ ㄱ (夜 밤 야, 間 사이 간)
: 해가 진 뒤부터 다시 해가 뜨기 전까지의 밤 동안. [반대말] 주간

❺ ㅈ ㅇ (自 스스로 자, 律 법 율)
: 자기 스스로 원칙에 따라 행동하는 것. 스스로 자기의 행동을 통제하는 것.
[반대말] 타율

❻ ㅍ ㅎ (被 입을 피, 害 해할 해)
: 생명이나 신체, 재산, 명예 등에 손해를 입음. [반대말] 가해

1 다음 낱말의 뜻에 알맞은 낱말을 찾아 ○표 하세요.

어휘
확인

(1) 소음   불쾌하고 (작은, 시끄러운) 소리.

(2) 분류하다   여럿을 종류에 따라서 (나누다, 부수다).

(3) 피해   생명이나 신체, 재산, 명예 등에 (손해, 은혜)를 입음.

(4) 배설물   (집, 몸) 밖으로 내보내는 똥이나 오줌, 땀 같은 물질.

2 다음 문장에 어울리는 낱말을 찾아 ○표 하세요.

어휘
적용

(1) 이웃집에서 공사를 해서 (야간 / 소음)이 심하다.

(2) 동대문 시장은 (피해 / 야간)에도 손님과 상인들로 붐빈다.

(3) 봉사 활동은 누가 시켜서 하는 것보다 (자율 / 소음)에 맡기는 것이 좋다.

3 다음 중 밑줄 친 낱말을 알맞게 사용한 친구에게 모두 ○표 하세요.

어휘
적용

땅을 기름지게 하려고
동물들의 <u>배설물</u>을
거름으로 준대.
(   )

손가락에 <u>피해</u>가 나서
약을 바르고 반창고를
붙였어.
(   )

재활용 쓰레기를 종이와
플라스틱, 유리병으로
<u>분류</u>했어.
(   )

4 다음 글의 밑줄 친 낱말과 뜻이 반대인 낱말은 무엇인가요? (   )

이달 12일 초원아파트 주민 50여 명은 '봄맞이 주민 <u>자율</u> 대청소'를 했다. 주민들은 아파트 단지와 상가 주변에서 쓰레기를 줍고, 벽에 붙어 있는 광고 스티커를 제거했다. 청소에 참여한 주민 김상철 씨는 "우리 아파트에 대한 애정으로 주민들 스스로 펼친 활동이어서 더욱 뜻깊었다."라고 말했다.

① 자발   ② 타율   ③ 자유
④ 타인   ⑤ 선율

5 다음 글에서 밑줄 친 낱말과 뜻이 반대인 낱말을 찾아 쓰세요.

장미빌라 302호 주민입니다. 재활용 쓰레기 분리배출 시간을 바꾸어 주세요. 지금은 주간에만 쓰레기를 내놓을 수 있는데, <u>야간</u>에도 버릴 수 있게 해 주세요. 회사에서 퇴근하면 밤이기 때문에 평일에 재활용 쓰레기를 버릴 수 없어 불편합니다.

(   )

6 다음 글에서 밑줄 친 한자 성어의 뜻으로 알맞은 것을 찾아 ○표 하세요.

'층간 **소음**'은 아파트와 같은 공동 주택에서 아랫집에 들리는 윗집의 소음을 말한다. 윗집에 사는 사람이 쿵쾅거리며 뛰거나 크게 음악을 틀면 그 소리가 아랫집으로 전해져 **피해**를 준다. 특히 **야간**에 들리는 층간 소음은 더욱 괴롭다. 시끄러운 소리 때문에 잠을 제대로 자지 못해 <u>비몽사몽</u>으로 힘들게 하루를 보내야 한다. 이런 일이 계속되면 이웃 간에 큰 싸움이 벌어지기도 한다. 공동 주택에서 함께 살아가기 위해 층간 소음 문제를 슬기롭게 해결할 수 있는 방법을 찾아야 한다.

(1) 고생 끝에 즐거움이 옴.   (   )
(2) 죽을 고비를 여러 차례 넘기고 겨우 살아남.   (   )
(3) 꿈을 꾸는지 잠에서 깨어 있는지 모를 만큼 정신이 어렴풋한 상태. (   )

독해로
어휘 마무리

오늘의
나의 실력은?
 최고야
 좋았어
 힘내자

8주 3일
정답확인

[7~8] 다음 안내 방송 내용을 읽고, 물음에 답하세요.

주민 여러분께 안내 말씀 드립니다. 우리 아파트에는 반려동물을 키우는 집이 많습니다. 반려동물과 관련해 몇 가지 지켜야 할 사항을 안내드립니다.

반려동물과 산책할 때에는 반드시 목줄을 하고, 목줄의 길이는 2미터 이내로 유지해 주십시오. 그리고 배변 봉투를 준비해 반려동물의 **배설물**을 바로 치워 주시기 바랍니다.

승강기를 이용할 때에는 반려동물을 안거나 목줄의 목덜미 부분을 잡고 타시기 바랍니다. 승강기 안에 다른 주민이 타고 있을 때에는 ◆가능하면 다음 승강기를 이용해 주십시오. 다 같이 탈 경우에는 반려동물을 벽 쪽에 있도록 하여 승강기에 함께 탄 주민의 ◆불안감을 줄여 주시기 바랍니다.

또한 반려동물이 짖는 소리 때문에 이웃에 (㉠)을/를 주지 않도록 주의해 주십시오. 특히 (㉡)에는 작은 소리도 크게 들릴 수 있으므로 **소음**에 각별히 신경 써 주시기 바랍니다.

우리 아파트에 사는 주민들이 모두 안전하고 행복할 수 있도록 서로 배려해 주시기를 부탁드립니다. 이상은 관리 사무소에서 말씀드렸습니다.

◆ **가능하면:** 할 수 있거나 될 수 있으면.
◆ **불안감:** 마음이 편하지 않고 조마조마한 느낌.

7 아파트 관리 사무소에서 안내 방송한 내용으로 알맞은 것을 찾아 ○표 하세요.

(1) 음식물 쓰레기를 분리배출할 때 주의할 점 ( )
(2) 아파트에서 반려동물을 키울 때 지켜야 할 사항 ( )
(3) 아파트에서 알뜰 장터가 열리는 날짜와 요일 안내 ( )

8 ㉠, ㉡에 들어갈 알맞은 낱말을 보기에서 찾아 쓰세요.

보기
자율, 야간, 분류, 피해

(1) ㉠: ( ) (2) ㉡: ( )

약속, 규칙과 관련된 말 ④

✏️ 다음 낱말의 뜻을 보고, 밑줄 친 낱말을 알맞게 사용한 친구에게 ○표 하세요.

공지(公 공평할 공, 知 알 지)하다

많은 사람들에게 어떤 내용을 널리 알리다.
비슷한말 공고하다
㉢ 학생들에게 사흘 동안 운동장 이용이 금지된다고 공지했다.

관객(觀 볼 관, 客 손님 객)

운동 경기, 공연, 영화 등을 보거나 듣는 사람.
비슷한말 관람객
㉢ 오늘 볼 연극은 공연 중에 관객이 무대로 직접 올라와 참여하는 극이다.

관람(觀 볼 관, 覽 볼 람)

연극, 영화, 운동 경기, 미술품 등을 구경함.
㉢ 지난 주말에 미술관에서 수채화 전시회 관람을 했다.

방해(妨 방해할 방, 害 해로울 해)

남의 일에 일부러 끼어들어 일이 제대로 되지 못하게 막고 괴롭히는 것.
비슷한말 훼방
㉢ 동생 때문에 공부하는 데에 방해를 받았다.

좌석(座 자리 좌, 席 자리 석)

앉을 수 있게 준비된 자리.
반대말 입석
㉢ 영화관에서 앞 사람의 좌석을 발로 차면 안 된다.

퇴장(退 물러날 퇴, 場 마당 장)

어떤 장소에서 물러나거나 밖으로 나감.
반대말 입장
㉢ 공연장 밖으로 퇴장을 할 때에는 질서를 지켜야 한다.

나는 재미있는 이야기책 관람을 좋아해.

( )

뮤지컬 공연을 보러 온 사람들이 많아서 좌석이 꽉 찼어.

( )

친구의 방해 덕분에 그림 그리는 데에 집중할 수 있었어.

( )

1 다음 낱말의 뜻풀이에 들어갈 알맞은 말을 보기에서 찾아 쓰세요.

어휘
확인

> ──────── 보기 ────────
>
> 밖, 사람, 자리, 영화

(1) 좌석: 앉을 수 있게 준비된 (   ).

(2) 관람: 연극, (   ), 운동 경기, 미술품 등을 구경함.

(3) 퇴장: 어떤 장소에서 물러나거나 (   )(으)로 나감.

(4) 공지하다: 많은 (   )들에게 어떤 내용을 널리 알리다.

2 다음 중 밑줄 친 낱말을 잘못 사용한 문장은 무엇인가요? (   )

어휘
적용

① 박물관 <u>관람</u> 시간은 오전 9시부터 오후 6시까지이다.

② 연극이 끝난 뒤 배우들이 무대로 나와 <u>관객</u>들에게 인사했다.

③ ○○미술관에서는 전시회 일정을 누리집 게시판에 <u>공지했다</u>.

④ 우리는 사람들에게 <u>방해</u>가 되지 않게 조용히 극장에서 나왔다.

⑤ 축구 경기를 하러 양 팀 선수들이 축구장 안으로 천천히 <u>퇴장</u>을 했다.

3 다음 빈칸에 공통으로 들어갈 알맞은 낱말을 쓰세요.

어휘
적용

> • 기차에서 창가 쪽 ▢▢ 에 앉아 바깥 풍경을 보았다.
>
> • 자동차의 모든 ▢▢ 에서 반드시 안전띠를 매야 한다.
>
> • 영화관에서 자리를 찾으려고 영화표에 적힌 ▢▢ 번호를 확인했다.

(   )

4 다음 낱말과 뜻이 반대인 낱말을 보기에서 찾아 쓰세요.

> **보기**
>
> 입석, 예매, 입장, 성장

(1) 퇴장 ↔ (   )   (2) 좌석 ↔ (   )

5 다음 글의 ㉠, ㉡과 뜻이 비슷한 낱말을 짝 지은 것을 찾아 ○표 하세요.

> ㉠관객 여러분께서는 공연 시작 10분 전까지 모두 자리에 앉아 주십시오. 공연 중에 들어오시면 다른 분들의 연극 관람에 ㉡방해가 될 수 있습니다. 공연이 시작된 뒤에 도착하신 분들은 안내원의 안내에 따라 주시길 바랍니다.

(1) ㉠: 관람객, ㉡: 예의 (   )   (2) ㉠: 방문객, ㉡: 이해 (   )

(3) ㉠: 관람객, ㉡: 훼방 (   )   (4) ㉠: 여행객, ㉡: 훼방 (   )

관용 표현

6 다음 글에서 밑줄 친 속담의 뜻으로 알맞은 것을 찾아 ○표 하세요.

> 어린이날에 「환상의 마술 쇼」를 보러 갔다. 이 마술 쇼는 어린이들에게 무척 인기가 많다. 게다가 일 년에 하루, 어린이날에만 공연을 해서 표 구하기가 <u>하늘의 별 따기</u>이다. 우리 가족은 작년에 예매에 실패하고 올해 드디어 예매에 성공했다.
>
> 마술 쇼 공연장은 빈 **좌석**이 없이 **관객**들로 가득 찼다. 마술사가 나와 여러 가지 마술을 보여 주었다. 카드 마술, 비둘기 마술, 사람의 옷차림이 바뀌는 마술 등 화려하고 신기한 마술에 나는 입이 떡 벌어졌다. 진짜 너무너무 재미있었다.

(1) 매우 하기 쉬운 일을 뜻하는 말.   (   )

(2) 싫은 일을 억지로 마지못해 함을 이르는 말.   (   )

(3) 무엇을 얻거나 이루어 내기가 매우 어려운 경우를 이르는 말.   (   )

독해로
어휘 마무리

오늘의
나의 실력은?
최고야 좋았어 함내자

8주 4일
정답확인

[7~8] 다음 주장하는 글을 읽고, 물음에 답하세요.

우리 가족은 가끔 영화관에 영화를 보러 갑니다. 그런데 영화관에서 함부로 행동하는 사람 때문에 짜증 날 때가 있습니다. 영화관에서는 다음과 같은 **관람** 예절을 지킵시다.

첫째, 영화 시작 시간에 늦지 않아야 합니다. 화장실도 미리 다녀오는 것이 좋습니다. 중간에 화장실을 간다고 왔다 갔다 하면 다른 사람에게 **방해**가 됩니다.

둘째, 휴대 전화는 전원을 끄거나 진동으로 바꾸어야 합니다. 영화 상영 중에 벨 소리가 울리면 한창 영화를 재미있게 보고 있는 ㉠관광객들에게 피해를 줍니다.

셋째, 옆 사람과 떠들면 안 됩니다. 영화를 보면서 궁금한 것을 묻거나 대화하는 사람들이 있습니다. 영화관에서는 작은 말소리도 귀에 거슬립니다. 하고 싶은 말은 영화가 끝난 뒤에 해야 합니다.

넷째, 신발을 벗고 있거나 앞사람의 **좌석**을 건드리면 안 됩니다. 이런 행동은 불쾌감을 줍니다. 실수로라도 앞 좌석을 발로 차지 않게 조심해야 합니다.

영화관에서는 많은 사람이 함께 영화를 봅니다. 모두 즐겁게 영화를 즐길 수 있도록 관람 예절을 지킵시다.

◆ **진동:** 흔들려 움직임.
◆ **한창:** 어떤 일이 가장 활기 있고 왕성하게 일어나는 때. 또는 어떤 상태가 가장 무르익은 때.

7 ㉠을 바르게 고친 것으로 알맞은 것을 모두 고르세요. (,   )

① 승객   ② 관객   ③ 나그네
④ 여행객   ⑤ 관람객

8 다음 중 영화 관람 예절을 지키지 <u>않은</u> 친구를 찾아 이름을 쓰세요.

해미: 친구랑 얘기하면서 영화를 봤더니 더 재미있었어.
진솔: 앞 좌석에 발이 닿지 않도록 바른 자세로 앉아 영화를 봤어.
윤수: 12시에 시작하는 영화라서 11시 50분에 영화관에 들어갔어.
나영: 영화 시작 전에 휴대 전화를 꺼 달라는 안내가 나와서 휴대 전화 전원을 껐어.

(   )

약속, 규칙과 관련된 말

✏️ 다음 뜻에 알맞은 낱말을 가로, 세로, 대각선으로 찾아 연결하세요.

소	자	율	관	객	대	야	통	간
양	음	좌	방	퇴	내	중	행	찰
보	제	한	공	공	장	소	교	영
하	사	법	처	지	신	피	강	통
다	치	안	벌	하	입	고	해	노
부	관	비	내	석	분	류	하	다
출	람	규	칙	문	영	배	설	물

🚗 **낱말 뜻**

1 어떤 장소를 지나다님.

2 불쾌하고 시끄러운 소리.

3 여럿을 종류에 따라서 나누다.

4 여러 사람이 함께 이용하는 곳.

5 어떤 내용을 소개하여 알려 주는 글.

6 연극, 영화, 운동 경기, 미술품 등을 구경함.

7 생명이나 신체, 재산, 명예 등에 손해를 입음.

8 운동 경기, 공연, 영화 등을 보거나 듣는 사람.

9 버스나 지하철과 같이 여러 사람이 이용하는 교통수단.

10 먼저 어떤 일을 하라고 남에게 길, 자리, 물건 등을 내주고 물러나다.

[1~2] 다음 글의 밑줄 친 낱말과 뜻이 비슷한 낱말을 찾아 ○표 하세요.

1

오성아, 나 주영이야. 너에게 할 말이 있어서 편지를 쓴단다.
너는 좋은 친구지만 가끔 나에게 <u>함부로</u> 말할 때가 있어. 내 기분은 생각하지 않고 이거 해라 저거 해라 시키듯이 말하거든. 그러면 나는 무시당하는 것 같아서 기분이 나빠. 앞으로는 그러지 않았으면 좋겠어.

(천천히, 솔직하게, 되는대로)

2

관객 여러분께 알려드립니다. 공연장 안에서 사진 촬영은 금지되어 있습니다. 기념 사진을 찍으실 분들은 공연장 밖에 마련한 촬영 구역을 이용해 주시길 바랍니다. 사진 촬영과 관련한 주의 사항은 공연장 입구에 <u>공지한</u> 내용을 참고해 주시기 바랍니다.

(공감한, 공고한, 전수한)

[3~4] 다음 글에서 뜻이 반대인 두 낱말을 찾아 기호를 쓰세요.

3

엄마가 추석 때 할머니 댁에 내려가는 기차표를 예매하시다 말씀하셨다.
"㉠<u>좌석</u>이 있는 ㉡<u>표</u>는 벌써 다 팔렸네. ㉢<u>입석</u> 표만 있는데 괜찮겠니?"
솔직히 나는 ㉣<u>기차</u>에서 서서 가기 싫었다. 그런데 형이 의젓하게 말했다.
"괜찮아요. ㉤<u>길</u>이 막혀서 자동차로 가면 운전하시는 엄마께서 힘드시잖아요."

( ), ( )

4

우리 마을의 소아 청소년과 ㉠<u>병원</u>인 튼튼의원이 ㉡<u>진료</u> 시간을 변경한다. 지금까지는 아침 9시부터 오후 6시까지 ㉢<u>주간</u>에만 진료를 받을 수 있었다. 다음 달부터는 수요일, 금요일에 밤 9시까지 ㉣<u>야간</u> 진료를 한다. 이에 따라 병원 옆의 튼튼약국도 수요일, 금요일에는 밤 시간까지 문을 열 ㉤<u>예정</u>이다.

( ), ( )

[5~6] 다음 글의 ⬭에 들어갈 알맞은 낱말을 찾아 ○표 하세요.

5

아무 이유 없이 길고양이를 해치거나 자신이 키우는 개를 못살게 구는 사람들이 있어요. 그런데 이런 사람을 경찰에 신고해도 큰 벌을 받지 않아요. 개와 고양이는 물건이 아니라 소중한 생명이에요. 그러니 동물을 괴롭히고 동물에게 고통을 주는 사람을 강하게 ⬜ 주세요.

(1) 분류해 (   )   (2) 처벌해 (   )   (3) 양보해 (   )

6

일상생활에서 ⬜을 줄이는 방법을 알아보자. 첫째, 발소리가 아랫집에 울리지 않도록 실내용 슬리퍼를 신는다. 둘째, 늦은 밤에는 청소기, 세탁기를 사용하지 않고 텔레비전 소리를 낮춘다. 셋째, 가구를 옮길 때에는 바닥에 끌지 말고 들어서 옮긴다.

(1) 소음 (   )   (2) 규칙 (   )   (3) 배설물 (   )

[7~8] 다음 글의 밑줄 친 낱말을 넣어 문장을 만들어 쓰세요.

얘들아, 내가 어제 지하철에서 본 일을 이야기해 줄게. 한 청년이 자리에 앉아 있다가 할머니 한 분을 발견하고는 자리를 <u>양보했어</u>. 저쪽 교통 약자석 앞에 서 있는 할머니를 자기 자리에 모셔 와 앉으시라고 하더라고. 또 어떤 학생이 큰 책가방을 메고 지하철에 탔어. 지하철 안에 사람이 많았는데, 그 학생은 등에 멘 자기 책가방이 다른 사람들에게 <u>방해</u>가 될까 봐 앞으로 옮겨 멨단다. 이렇게 다른 사람을 배려하는 모습을 보면 마음이 참 따뜻해져.

7 **양보하다** : 먼저 어떤 일을 하라고 남에게 길, 자리, 물건 등을 내주고 물러나다.

_____

8 **방해** : 남의 일에 일부러 끼어들어 일이 제대로 되지 못하게 막고 괴롭히는 것.

_____

한 걸음 더!

오늘의
나의 실력은?

최고야 좋았어 힘내자

8주 5일
정답확인

○ '場'(장)이 들어간 낱말은 '마당, 장소'와 관련 있어요. '場'(장)이 들어간 낱말을 알아보아요.

시장

여러 가지 상품을
사고파는 곳.

극장

연극이나 무용 등을 공연하거나
영화를 상영하기 위한 시설을 갖춘 곳.

場
마당 장

정류장

버스 등이 사람을 태우거나
내려 주기 위해 멈추는, 정해진 장소.

운동장

주로 체육이나 운동 경기를
하기 위해 만든 큰 마당.

Q 다음 문장에 알맞은 낱말을 찾아 ○표 하세요.

(1) (극장, 시장)에 가서 과일과 채소, 생선을 샀다.

(2) 아이들이 체육 수업을 하러 (극장, 운동장)으로 나갔다.

(3) 이모네 집에 가려고 (정류장, 운동장)에서 버스를 기다렸다.

어휘

바른답과 학부모 가이드

3단계 (3~4학년)

하루 한장 어휘의 효율적인 학습을 위한 특별 제공

1

"바른답과 학부모 가이드"의 앞표지를 넘기면 '학습 계획표'가 있어요. 아이와 함께 학습 계획을 세워 보세요.

2

"바른답과 학부모 가이드"의 뒤표지를 앞으로 넘기면 '붙임 학습판'이 있어요. 붙임딱지를 붙여 붙임 학습판의 그림을 완성해 보세요.

3

그날의 학습이 끝나면 '정답 확인' QR 코드를 찍어 학습 인증을 하고 하루템을 모아 보세요.

어휘 3단계 주제 학습 계획표

주차	일	주제	학습 어휘	학습한 날	부모님 확인
1주	1일	의사소통과 관련된 말	건의, 경청, 공감, 면담, 전달, 의사소통	월 일	
	2일		낭독, 문자, 요약하다, 이해하다, 상상하다, 정독하다	월 일	
	3일		개요, 객관적, 구체적, 부정하다, 작성하다, 타당하다	월 일	
	4일		거수, 근거, 다수결, 의논하다, 절차, 주장	월 일	
	5일		1주 복습	월 일	
2주	1일	성격을 나타내는 말	겸손하다, 꼿꼿하다, 솔직하다, 얌전하다, 지혜롭다, 쾌활하다	월 일	
	2일		내성적, 대담하다, 무뚝뚝하다, 음흉하다, 친절하다, 침착하다	월 일	
	3일		다정하다, 도도하다, 부지런하다, 소심하다, 점잖다, 천진난만하다	월 일	
	4일		꼼꼼하다, 덤벙대다, 상냥하다, 신중하다, 야무지다, 조급하다	월 일	
	5일		2주 복습	월 일	
3주	1일	우리 지역과 관련된 말	고장, 산간, 생산지, 위치, 지명, 지역	월 일	
	2일		가파르다, 국토, 단조롭다, 산맥, 지형, 해안	월 일	
	3일		간략하다, 기호, 동서남북, 범위, 지도, 축척	월 일	
	4일		갈등, 이익, 입장, 제안하다, 타협하다, 해결하다	월 일	
	5일		3주 복습	월 일	
4주	1일	시대별 삶의 모습과 관련된 말	농경, 온돌, 의례, 의식주, 전통, 풍속	월 일	
	2일		계승하다, 고유하다, 발전시키다, 소중하다, 지키다, 창조하다	월 일	
	3일		급속하다, 낙후되다, 밀집되다, 발달하다, 신도시, 정착하다	월 일	
	4일		고령화, 다문화, 대체하다, 여가, 예상하다, 진입하다	월 일	
	5일		4주 복습	월 일	
5주	1일	날씨, 생활과 관련된 말	강수량, 건조하다, 기온, 기후, 뚜렷하다, 습도	월 일	
	2일		강풍, 보도하다, 부근, 불어나다, 장대비, 통하다	월 일	
	3일		눈보라, 대비하다, 뒤덮다, 빙판길, 제설, 한파	월 일	
	4일		개다, 기상청, 열대야, 일기 예보, 일교차, 특보	월 일	
	5일		5주 복습	월 일	
6주	1일	동물, 식물의 세계와 관련된 말	멸종, 번식하다, 생존하다, 유지되다, 적응하다, 증가하다	월 일	
	2일		곤충, 서식지, 수명, 육식, 진화하다, 포유류	월 일	
	3일		면역력, 무해하다, 순환, 인체, 통증, 호흡	월 일	
	4일		모종, 수분, 양분, 열매, 저장하다, 한살이	월 일	
	5일		6주 복습	월 일	
7주	1일	음악, 문화와 관련된 말	개최하다, 공연, 반주, 연주, 참여하다, 청중	월 일	
	2일		박자, 음색, 작곡, 켜다, 합주, 화음	월 일	
	3일		가치, 관광하다, 다양하다, 의식, 체험하다, 특색	월 일	
	4일		돋우다, 문화재, 민속, 민중, 즐기다, 흥	월 일	
	5일		7주 복습	월 일	
8주	1일	약속, 규칙과 관련된 말	공공장소, 규칙, 시설물, 안내문, 최선, 함부로	월 일	
	2일		대중교통, 벌금, 양보하다, 제한, 처벌하다, 통행	월 일	
	3일		배설물, 분류하다, 소음, 야간, 자율, 피해	월 일	
	4일		공지하다, 관객, 관람, 방해, 좌석, 퇴장	월 일	
	5일		8주 복습	월 일	

바른답과
학부모 가이드

3단계 (3~4학년)

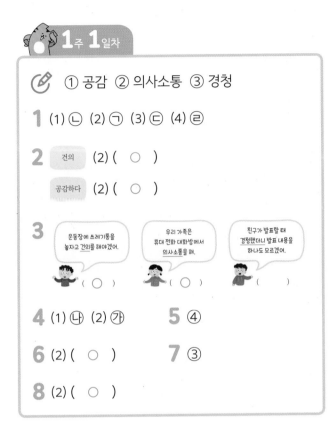

✏️ ① 공감 ② 의사소통 ③ 경청

1 (1) ㉡ (2) ㉠ (3) ㉢ (4) ㉣

2 [건의] (2) (○)

　　[공감하다] (2) (○)

3
- 운동장에 쓰레기통을 놓자고 <u>건의</u>를 해야겠어. (○)
- 우리 가족은 휴대 전화 대화방에서 <u>의사소통</u>을 해. (○)
- 친구가 발표할 때 <u>경청했더니</u> 발표 내용을 하나도 모르겠어. (　)

4 (1) ㉯ (2) ㉮　　**5** ④

6 (2) (○)　　**7** ③

8 (2) (○)

---

3 '경청하다'는 '귀를 기울여 듣다.'라는 뜻입니다. 세 번째에서 친구의 발표 내용을 하나도 모르겠다고 하였으므로 발표할 때 귀 기울여 듣지 않은 것입니다. 따라서 '경청했더니'는 알맞지 않습니다.

4 아버지께서 학교에 오신 까닭은 담임 선생님과 만나서 이야기하기 위해서가 적절하므로 ㉮의 문장에는 '면담'이 들어가는 것이 알맞습니다. 내 생각을 또박또박 말하면 듣는 사람들에게 잘 전하여 이르게 할 수 있으므로 ㉯의 문장에는 '전달'이 들어가는 것이 알맞습니다.

6 제시된 글은 대화할 때 상대의 입장이 되어 보면 상대의 마음을 이해할 수 있어서 공감하는 대화를 나눌 수 있다는 내용입니다. 따라서 '서로의 입장을 바꾸어서 생각해 봄.'을 뜻하는 '역지사지'가 이 글의 내용에 어울리는 한자성어입니다.

7 샛별초등학교 학생들은 놀이터와 공원이 부족한 샛별동에 안전하게 놀 수 있는 놀이터를 만들어 달라는 건의를 하러 △△시청을 방문했습니다. 이러한 기사문의 중심 내용은 제목에도 나타나 있습니다.

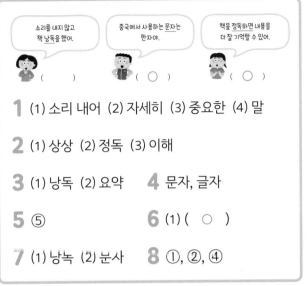

- 소리를 내지 않고 책 낭독을 했어. (　)
- 중국에서 사용하는 문자는 한자야. (○)
- 책을 정독하면 내용을 더 잘 기억할 수 있어. (○)

1 (1) 소리 내어 (2) 자세히 (3) 중요한 (4) 말

2 (1) 상상 (2) 정독 (3) 이해

3 (1) 낭독 (2) 요약　　**4** 문자, 글자

5 ⑤　　　　　　　**6** (1) (○)

7 (1) 낭녹 (2) 분사　　**8** ①, ②, ④

---

2 (1) 어른이 된 모습은 미래의 모습이므로 '실제로 없거나 경험하지 않은 것에 대하여 마음속으로 그려 보다.'를 뜻하는 '상상하다'가 알맞습니다. (2) 동물을 좋아하는 정윤이는 고양이에 대한 책을 자세히 읽었을 것이므로 '정독하다'가 알맞습니다. (3) 선생님께서 쉽게 설명해 주시면 학생들이 깨달아 알 수 있으므로 '이해하다'가 알맞습니다.

3 (1) '또랑또랑한 목소리로'가 앞에 있으므로 '글을 소리 내어 읽음.'을 뜻하는 '낭독'이 알맞습니다. (2) 독서 감상문에는 책의 중요한 내용을 간추려 쓰므로 '요약하다'가 알맞습니다.

4 '말의 소리나 뜻을 눈으로 볼 수 있도록 적은 기호 체계.'인 '문자'와, '말을 적는 일정한 체계의 부호.'인 '글자'가 뜻이 비슷한 낱말입니다.

6 무식함은 배우지 못하고 아는 것이 없음을 뜻합니다. '낫 놓고 기역 자도 모른다'는 속담은 글자를 몰라 자기 이름을 쓰지 못하는 농부에게 사용할 수 있습니다. (2)에서는 속담 '가는 날이 장날'을, (3)에서는 속담 '등잔 밑이 어둡다'를 쓰는 것이 알맞습니다.

7 시각 장애인들은 책에 쓰인 글자를 보지 못하므로 들을 수 있게 소리 내어 읽어 주어야 책 내용을 이해할 수 있습니다. 따라서 ㉠에는 '낭독'이 들어가는 것이 알맞습니다. 점자는 튀어나온 점으로 글자를 나타내므로 ㉡에는 '문자'가 들어가는 것이 알맞습니다.

8 '훈맹정음'은 박두성이 시각 장애인을 위해 만든 한글 점자로, 6개의 점으로 이루어졌습니다. 영어와 일본어 점자만 있던 시대에 우리말을 점자로 만들었으므로 영어와 일본어 점자보다 늦게 만들어졌습니다.

✏️ ① 개요 ② 객관적 ③ 구체적 ④ 부정
⑤ 작성 ⑥ 타당

1 (1) ㉯ (2) ㉰ (3) ㉮

2 (1) 옳은 (2) 자세한

3

형이랑 블록을 쌓아 멋진 로봇을 작성했어.	무턱대고 글을 쓰지 말고 먼저 글의 개요를 짜야 해.	객관적으로 2반 친구들이 축구를 더 잘하지만, 시합에서 우리 반이 이기면 좋겠어.
( )	(○)	(○)

4 긍정했다 **5** ⑤

6 (3) (○) **7** ②, ④

8 ⑤

3 '작성하다'의 뜻은 '서류나 원고, 계획서 등을 만들다.'입니다. 주로 문서를 만들 때 '작성하다'를 사용하므로 첫 번째 친구가 블록을 쌓아 로봇을 만든다는 의미로 '작성하다'를 사용하는 것은 알맞지 않습니다.

4 '부정하다'의 뜻은 '그렇지 않다고 딱 잘라 생각하거나 옳지 않다고 반대하다.'입니다. 이와 뜻이 반대인 낱말은 '그렇다고 생각하여 옳다고 인정하다.'의 뜻을 가진 '긍정하다'입니다.

5 기사문은 사건에 대해 보고 들은 그대로 정확하게 전달하는 글이므로 객관적이어야 합니다. '객관적'은 '자기 혼자만의 생각이나 감정에서 벗어나, 있는 그대로 보거나 생각하는 것.'을 뜻합니다. '객관적'과 뜻이 반대인 낱말은 '자기만의 생각이나 관점을 기준으로 하는 것.'을 뜻하는 '주관적'입니다.

6 글쓴이가 개요를 작성하지 않고 그냥 떠오르는 대로 쓴 글은 이 이야기, 저 이야기 늘어놓아 무슨 말을 하는 것인지 잘 알 수 없습니다. 따라서 '앞뒤가 맞지 않게 이러쿵저러쿵 말을 늘어놓음.'이 '횡설수설'의 뜻으로 알맞습니다. (1)은 '일거양득', (2)는 '완전무결'의 뜻입니다.

7 문구점에 대해 객관적으로 판단하려면 문구점의 학용품 중 무엇이 품질이 안 좋은지, 주인아저씨가 어떻게 불친절했는지를 자세하게 알아야 합니다. 따라서 ㉠에 들어갈 말은 '자세하게'와 '구체적으로'가 알맞습니다.

1 (1) 손 (2) 순서 (3) 까닭 (4) 의견

2 주장 (1) (○)
다수결 (2) (○)

3 ② **4** ②, ③

5 (1) ㉯ (2) ㉮ **6** (3) (○)

7 (2) (○) **8** ①, ④, ⑤

3 '거수'는 '손을 위로 들어 올림.'을 뜻합니다. 따라서 서로 손을 내밀어 반갑게 거수를 나누었다는 표현은 알맞지 않습니다. ②의 문장에서는 '악수'를 사용해야 알맞습니다.

4 '어떤 일에 대하여 서로 의견을 주고받다.'를 뜻하는 '의논하다'와 뜻이 비슷한 낱말은 '어떤 문제에 대하여 서로 의견을 내어 토의하다.'를 뜻하는 '논의하다'와, '어떤 일을 서로 의논하다.'를 뜻하는 '상의하다'입니다.

5 (1)의 문장에 쓰인 '주장'과, (2)의 문장에 쓰인 '주장'은 형태는 같지만 뜻이 다른 낱말입니다. (1)의 문장에서 '주장'은 '자기의 생각이나 의견을 굳게 내세움.'을 뜻하는 낱말입니다. (2)의 문장에서 '주장'은 '운동 경기에서, 팀을 대표하는 선수.'를 뜻하는 낱말입니다.

6 선생님께서 아이들에게 분리수거함의 쓰레기 문제를 의논해 보라고 하셨고, 아이들은 함께 문제 해결 방법을 찾아보았다고 했으므로 빈칸에는 '어떤 일을 의논하거나 결정하기 위해 서로 마주 대하다.'를 뜻하는 '머리를 맞대다'가 들어가는 것이 알맞습니다.

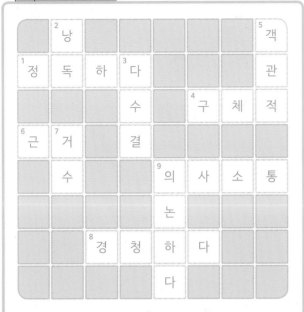

1 ① **2** ②

3 ㄷ, ㅁ **4** ㄷ, ㄹ

5 정독해야 **6** 근거

7 예 반장이 아이들에게 체육 수업을 교실에서 한다는 선생님 말씀을 전달했다.

8 예 텔레비전 뉴스에서 하는 말을 이해할 수 없어서 엄마께 여쭈어보았다.

한 걸음 더! (1) 농담 (2) 상담 (3) 회담

1 '글을 소리 내어 읽음.'을 뜻하는 '낭독'과 뜻이 비슷하여 바꾸어 쓸 수 있는 낱말은 '크게 소리를 내어 글을 읽거나 욈.'을 뜻하는 '낭송'입니다.

7 '물건, 말, 내용이나 뜻 등을 다른 사람에게 전하여 이르게 하다.'라는 뜻에 맞게 누가 누구에게 무엇을 전했는지가 나타나도록 문장을 씁니다.

8 무엇을 알았거나 알지 못했던 상황을 떠올려 보고, '이해하다'의 뜻과 쓰임에 맞게 문장을 씁니다.

한 걸음 더! (1)은 '재미있는'이 앞에 나오고 친구들에게 인기가 많다고 했으므로 '농담'이 알맞습니다. (2)는 배탈이 자주 나는 문제를 해결하기 위해 의사 선생님과 이야기하는 상황이므로 '상담'이 알맞습니다. (3)은 세계 여러 나라 대표들이 지구 환경 문제를 해결하기 위해 토의한 것이므로 '회담'이 알맞습니다.

2주 성격을 나타내는 말

✏️ ① 겸손 ② 꼿꼿 ③ 쾌활

1 (1) ㄴ (2) ㄷ (3) ㄱ (4) ㄹ

2 (1) 솔직하다 (2) 쾌활하다

3 (1) ㉯ (2) ㉮ **4** ③

5 진솔하게 **6** (3) (○)

7 (1) 솔직하게 (2) 지혜롭게

8 ②, ⑤

2 잘못한 일을 숨기지 않고 말하는 민규는 거짓이나 숨김이 없이 바르고 곧은 성격이므로 '솔직하다'가 알맞습니다. 큰 소리로 잘 웃고 친구들과 뛰어노는 것을 좋아하는 지원이는 명랑하고 활발한 성격이므로 '쾌활하다'가 알맞습니다.

3 (1) 조용히 혼자 있는 것을 좋아하는 아이는 성질이나 태도, 행동이 조용하고 조심스러운 '얌전한' 아이입니다. (2) 꾀를 내어 사나운 호랑이를 우리에 가두는 능력이 있으므로 '지혜로운' 토끼입니다.

4 '지혜롭다'와 뜻이 비슷한 낱말은 '일을 바르게 판단하고 잘 처리해 나가는 능력이 있다.'를 뜻하는 '슬기롭다'입니다.

6 미술 대회에서 금상을 받을 만큼 실력이 뛰어나면서도 뽐내지 않고 다른 친구들의 그림 실력을 칭찬한 기현이에게 '벼 이삭은 익을수록 고개를 숙인다'라는 속담을 사용할 수 있습니다. (1)의 영재에게는 '티끌 모아 태산', (2)의 진아에게는 '소 잃고 외양간 고친다'라는 속담을 사용할 수 있습니다.

7 (1) 자라가 토끼에게 거짓말을 하지 않았다면, 즉 토끼에게 거짓 없이 '솔직하게' 말했다면 토끼를 용궁으로 데려가지 못했을 것입니다. (2) 토끼는 간을 육지에 두고 왔다고 하여 용궁을 빠져나왔습니다. 목숨을 잃을 뻔한 위험에서 '지혜롭게' 벗어난 것입니다.

✏️ ① 내성적 ② 대담 ③ 무뚝뚝 ④ 음흉
⑤ 친절 ⑥ 침착

1 (1) ㉯ (2) ㉰ (3) ㉮

2 (1) ●, ▮ (2) ●, ▮

3 ①, ②, ⑤ **4** 차분하게

5 ⑤ **6** (1) (○)

7 ㉢ **8** (1) 엄마 (2) 손 (3) 나무

3 ③ 내성적인 사람은 감정이나 생각을 겉으로 드러내지 않으므로 내성적인 주원이가 늘 자기 생각을 내세우며 모든 일에 앞장서는 것은 어울리지 않습니다. 문장에서는 '내성적'의 반대말인 '외향적'을 사용하는 것이 알맞습니다. ④ 혁이는 벌벌 떨었다고 했으므로 '행동이나 성격이 겁이 없고 용감하다.'를 뜻하는 '대담하다'는 알맞지 않습니다.

4 '침착하다'와 뜻이 비슷한 말은 '차분하다'입니다. '짓궂다'는 '장난스럽게 남을 괴롭고 귀찮게 하여 달갑지 않다.'를 뜻하고, '명랑하다'는 '유쾌하고 활발하다.'를 뜻하는 낱말입니다.

5 '내성적'과 뜻이 반대인 낱말은 '자기를 내세우거나 감정이나 생각을 밖으로 드러내는 것.'을 뜻하는 '외향적'입니다.

6 홍길동은 미리 찾아갈 날을 알리고 나타나 나쁜 양반의 재물을 눈앞에서 가지고 사라졌습니다. 이러한 홍길동의 행동은 겁이 없고 매우 대담한 것이므로 관용어 '간이 크다'가 어울리는 표현입니다.

7 극본에서 인물의 목소리나 행동 등을 나타내는 부분인 괄호 안의 지문을 보고 호랑이가 어떻게 말해야 하는지 알 수 있습니다. ㉠ 앞에는 '음흉하게 웃으며', ㉡ 앞에는 '무뚝뚝하게', ㉢ 앞에는 '친절한 목소리로'가 있습니다. 그러므로 부드럽고 정겹게 말해야 하는 호랑이의 말은 ㉢입니다.

8 호랑이는 오누이를 잡아먹으려고 '엄마' 흉내를 내며 오누이에게 문을 열라고 했습니다. 하지만 오누이는 속지 않고 호랑이에게 '손'을 보여 달라고 했습니다. 호랑이의 앞발을 본 오누이는 엄마가 아니라 호랑이라는 것을 알아채고 뒷문으로 도망쳐 '나무' 위로 올라갔습니다.

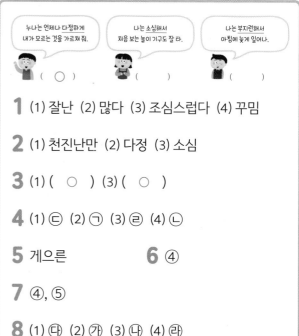

1 (1) 잘난 (2) 많다 (3) 조심스럽다 (4) 꾸밈

2 (1) 천진난만 (2) 다정 (3) 소심

3 (1) (○) (3) (○)

4 (1) ㉢ (2) ㉠ (3) ㉣ (4) ㉡

5 게으른 **6** ④

7 ④, ⑤

8 (1) ㉰ (2) ㉮ (3) ㉯ (4) ㉱

2 (1) 아기는 꾸밈 없이 '천진난만하게' 웃는 것이 어울립니다. (2) 아빠와 손을 잡고 산책하는 상황에 어울리는 말은 '다정하게'입니다. (3) 친구들 앞에서 발표할 때 무척 떨리는 사람은 대담하지 않은 '소심한' 성격입니다.

3 늦잠 자고 꾸물거리는 행동은 게으른 것입니다. '부지런하다'는 '할 일을 미루지 않고 열심히 하며 꾸준하다.'라는 뜻이므로 태우는 낱말을 잘못 사용하였습니다.

4 (1) '점잖다'와 뜻이 비슷한 낱말은 '말이나 행동 등이 점잖고 무게가 있다.'를 뜻하는 '의젓하다'입니다. (2) '다정하다'와 뜻이 비슷한 낱말은 '따뜻한 정이 있다.'를 뜻하는 '정답다'입니다. (3) '도도하다'와 뜻이 비슷한 낱말은 '잘난 체하며 남을 업신여기는 데가 있다.'를 뜻하는 '거만하다'입니다. (4) '천진난만하다'와 뜻이 비슷한 낱말은 '마음이 꾸밈이 없고 순박하다.'를 뜻하는 '순진하다'입니다.

6 설문 조사 결과 ○○초등학교 학생들은 잘난 척하는 친구와 어울리기 힘들어하는 것으로 나타났습니다. 이러한 내용으로 보아, '콧대가 높다'는 '잘난 체하고 뽐내는 태도가 있다.'라는 뜻의 관용어임을 알 수 있습니다.

7 형의 별명인 '영감님'에 어울리는 낱말은 '점잖다', '의젓하다'입니다. '도도하다', '솔직하다', '순진하다'는 나이가 많은 남자를 높여 이르는 말인 '영감님'의 특성과 직접적인 관련이 없습니다.

1 (1) ㉰ (2) ㉮ (3) ㉯

2 (1) 참을성 (2) 빈틈 (3) 생각

3
누나는 덤벙대서 용돈을 어떻게 썼는지 하나하나 다 기록해. ( )

집에서 설거지를 했는데 야무지게 잘했다고 칭찬받았어. (○)

옆집 아주머니는 언제나 상냥하게 말을 걸어 주셔서 기분이 좋아. (○)

4 ㉢

5 덜렁대다가

6 ②, ③, ⑤

7 ②

8 (2) (○)

3 용돈을 어떻게 썼는지 하나하나 다 기록하는 누나는 덤벙대는 성격이 아닙니다. 첫 번째 친구는 '빈틈이 없이 자세하고 차분하다.'를 뜻하는 '꼼꼼하다'를 사용하여 말해야 알맞습니다.

4 '신중하다'는 '어떤 일을 할 때 매우 생각이 깊고 조심스럽다.'라는 뜻이므로 직업을 결정할 때의 태도로 알맞습니다. ㉠에는 '조급', ㉡에는 '상냥'이 들어가는 것이 알맞습니다.

6 훈이와 연아는 급하게 서두르다가 일을 그르친 경험을 말하였습니다. 그러므로 급함과 관련된 속담인 '급히 먹는 밥에 목이 멘다', '우물에 가 숭늉 찾는다', '번갯불에 콩 볶아 먹겠다'가 알맞습니다.

8 채원이와 지우는 성격이 다르다고 하였습니다. 실수할 때가 많은 지우는 성격이 급하고 덤벙대는 것이 어울립니다. 그리고 무엇이든지 잘하는 채원이는 성격이 야무진 것이 알맞습니다.

내	순	점	용	신	무	도	지	심
음	성	미	잖	유	대	도	상	꼿
흉	악	적	꼼	다	얌	하	냥	꼿
하	영	지	쾌	활	하	다	덤	하
다	대	담	하	다	뚝	조	병	다
솔	직	하	다	야	무	급	대	난
강	천	진	부	지	런	하	다	만

1 순진한

2 성급하게

3 ㉠, ㉢

4 ㉣, ㉤

5 ③

6 ①

7 예 언니는 대담해서 깜깜한 골목길도 안 무서워하고 공포 영화도 잘 본다.

8 예 우리 집 강아지가 없어졌을 때 나는 울기만 했는데, 엄마께서는 침착하게 집 근처를 찾아다니셨다.

한 걸음 더! (1) 결심 (2) 호기심 (3) 의심

3 '정이 많고 마음이 따뜻하다.'를 뜻하는 '다정하다'와 '성질이나 태도가 다정하지 않고 차갑다.'를 뜻하는 '쌀쌀맞다'가 서로 뜻이 반대인 낱말입니다.

7 '행동이나 성격이 겁이 없고 용감하다.'라는 뜻에 맞게 문장을 씁니다.

8 침착하게 행동하는 사람을 보았거나 자신이 무엇을 침착하게 했던 경험을 떠올려 보고, '침착하다'의 뜻과 쓰임에 맞게 문장을 쓰도록 합니다.

한 걸음 더! (1) 연준이는 의사가 되기로 마음을 굳게 정한 것이므로 '결심'이 알맞습니다. (2) 수진이는 모르는 것을 알고 싶어 하는 마음이 많아서 선생님께 질문을 많이 하는 것이므로 '호기심'이 알맞습니다. (3) 누나는 책상에 둔 과자를 '나'가 먹었는지 확실히 알 수 없어 믿지 못하는 마음으로 '나'를 쳐다본 상황이므로 '의심'이 알맞습니다.

3주 우리 지역과 관련된 말

3주 1일차

✏️ ① 지명 ② 생산지 ③ 고장

1 (1) ㉯ (2) ㉰ (3) ㉮ (4) ㉱

2 (1) 지명 (2) 지역 (3) 위치

3 (1) 생산지 (2) 산간

4 ②　　　　**5** (1) ㉠ (2) ㉡

6 (2) (○)　　　**7** (3) (○)

8 (1) ㉯ (2) ㉮

3주 2일차

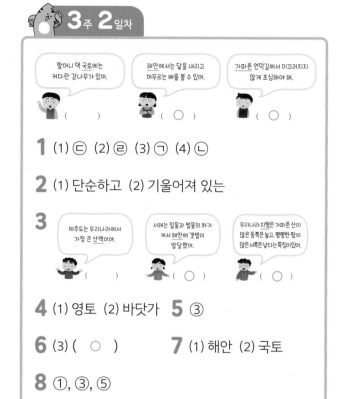

1 (1) ㉰ (2) ㉱ (3) ㉠ (4) ㉡

2 (1) 단순하고 (2) 기울어져 있는

3 ( )　(○)　(○)

4 (1) 영토 (2) 바닷가　**5** ③

6 (3) (○)　　　**7** (1) 해안 (2) 국토

8 ①, ③, ⑤

---

2 (1) 서울과 한양은 모두 지역의 이름이므로 '지명'이 알맞습니다. (2) 기훈이가 사는 일정한 땅에 자동차를 만드는 회사와 공장이 있다는 것이므로 '지역'이 알맞습니다. (3) 길 건너 꽃집 옆에 은행이 있다고 알려 주었으므로 아주머니께서 물어본 것은 '일정한 곳에 자리를 차지함. 또는 그 자리.'를 뜻하는 '위치'가 알맞습니다.

3 (1) 제주도는 귤이 나는 곳이므로 '생산지'가 알맞습니다. (2) 어머니의 고향이 지리산 근처이므로 산과 산 사이에 산골짜기가 많은 '산간' 마을일 것입니다.

4 '산간'과 뜻이 비슷한 낱말은 '외지고 으슥한 깊은 산속.'을 뜻하는 '산골'입니다. '동산'은 '마을 부근에 있는 작은 산이나 언덕.'을, '산길'은 '산에 나 있는 길.'을, '산림'은 '산과 숲, 또는 산에 있는 숲.'을, '산천'은 '산과 강.'을 뜻하는 낱말입니다.

5 '사람이 많이 사는 지방이나 지역.'을 뜻하는 '고장'과, '기구나 기계가 제대로 움직이지 못하게 되는 것.'을 뜻하는 '고장'은 형태는 같으나 뜻이 다른 낱말입니다. 장미 축제를 여는 '고장'은 ㉠의 뜻, 엘리베이터 '고장'은 ㉡의 뜻입니다.

7 책이 우리나라의 마을, 산, 고개 등의 이름이 어떻게 생겼는지 알려 주는 내용이므로 ㉠은 '지명'이 알맞습니다. 글의 끝부분은 글쓴이가 지명에 대한 책을 읽고 생각하거나 느낀 점이므로 우리나라 여러 지역의 이름에 관심을 갖는 것이 알맞습니다. 따라서 ㉡은 '지역'이 알맞습니다.

3 '산맥'은 여러 산들이 길게 이어져 줄기를 이루고 있는 것입니다. 제주도는 우리나라에서 가장 큰 섬이므로 '산맥'이 아닙니다.

4 '국토'와 뜻이 비슷한 낱말은 '한 나라의 통치권이 미치는 지역.'을 뜻하는 '영토'입니다. '해안'과 뜻이 비슷한 낱말은 '바닷물과 땅이 서로 닿은 곳이나 그 근처.'를 뜻하는 '바닷가'입니다. '국민'은 '한 나라를 구성하는 사람. 또는 그 나라 국적을 가진 사람.'을 뜻하고, '해양'은 '넓고 큰 바다.'를 뜻하는 낱말입니다.

5 '산이나 길이 몹시 기울어져 있다.'를 뜻하는 '가파르다'와 뜻이 반대인 낱말은 '기울어진 상태나 정도가 가파르지 않다.'를 뜻하는 '완만하다'입니다. '야트막하다'의 뜻은 '조금 얕은 듯하다.'입니다.

6 제시된 글은 우리 국토의 아름다운 자연환경에 대한 내용입니다. 따라서 아름다운 우리나라의 자연을 이르는 말인 '금수강산'이 글의 내용에 어울리는 한자 성어입니다.

8 글쓴이는 동해안 여행을 하면서 속초 해수욕장에서 대관람차를 타고 물놀이를 했습니다. 설악산에서는 흔들바위를 지나 울산 바위까지 가면서 멋진 풍경을 보았습니다. 좀 더 크면 정상까지 가 보자는 아버지의 말로 보아 글쓴이는 설악산 정상엔 가지 않았고, 흔들바위를 흔들어 보고 싶었으나 사람들이 많아 그냥 지나쳤습니다.

✏️ ① 간략 ② 기호 ③ 동서남북 ④ 범위
　　⑤ 지도 ⑥ 축척

1 간략하다 (1) (○)
　　범위 (2) (○)
　　축척 (1) (○)

2 (1) 표시 (2) 방향 (3) 땅

3 ②　　　　　　　**4** (1) ㉯ (2) ㉮

5 부호　　　　　　**6** ②

7 ③　　　　　　　**8** ①, ②, ③

3 '기호'는 어떠한 뜻을 나타내기 위해 쓰이는 일정한 표시이므로 드러나 보이는 것입니다. 따라서 스피커에서 흘러나올 수 없습니다. ②의 문장에서는 '음악'을 사용하는 것이 알맞습니다.

4 (1)과 (2)에 쓰인 '지도'는 형태는 같지만 뜻이 서로 다른 낱말입니다. 제주도 관광 '지도'를 본다고 하였으므로 (1)에서 쓰인 '지도'는 '위에서 내려다본 땅의 실제 모습을 일정한 형식으로 줄여서 나타낸 그림.'을 뜻하는 낱말입니다. 학생들이 선생님께 학습 '지도'를 받았다고 했으므로 (2)에서 쓰인 '지도'는 '선생님이 학생에게 공부나 바른 생활을 가르침.'을 뜻하는 낱말입니다.

5 '기호'와 뜻이 비슷한 낱말은 '일정한 뜻을 나타내기 위하여 따로 정하여 쓰는 기호.'를 뜻하는 '부호'입니다.

6 뱃사람들이 바다에서 길을 잃으면 북극성을 찾았다는 내용이 앞에 나오므로 한없이 크고 넓은 바다를 뜻하는 '망망대해(茫茫大海)'가 알맞습니다. ①은 '가가호호', ③은 '적막강산', ④는 '무법천지', ⑤는 '별천지'의 뜻입니다.

7 지도에서 역, 창고, 성곽 등을 간략하게 나타내려면 '기호'를 사용하는 것이 알맞습니다.

8 대동여지도는 한 장의 종이에 그린 지도가 아니라 목판에 새겨 만든 지도입니다. 우리 국토의 모습을 정확하고 자세하게 나타내어 오늘날의 지도와 비교해도 큰 차이가 없다고 하였습니다.

1 (1) 의견 (2) 부딪치는 (3) 보탬 (4) 양보하여

2 (1) ㉯ (2) ㉮

3
옆 반 친구들에게 축구 시합을 하자고 제안했어. (○)
바자회에 가져온 물건을 하나도 팔지 못해서 이익을 많이 얻었어. (　)
형이랑 컴퓨터를 서로 하겠다고 싸우다가 컴퓨터 사용 시간을 타협했어. (○)

4 처지　　　　　　**5** 이익, 손해

6 (3) (○)　　　**7** ③, ④

8 (1) 반대함 (2) 환영함

2 길이 막히는 문제를 풀거나 처리하려고 도로를 넓히는 것이므로 ㉮의 문장에는 '해결'이 들어가는 것이 알맞습니다. 마을 개발에 찬성하는 주민과 반대하는 주민은 서로 입장이나 생각이 달라 부딪치므로 ㉯의 문장에는 '갈등'이 들어가는 것이 알맞습니다.

3 '이익'은 물질적으로나 정신적으로 보탬이 되는 것입니다. 바자회에 가져온 물건을 팔아야 이익이 생기는 것이므로 두 번째 친구는 '이익'을 잘못 사용하였습니다.

4 '입장'은 '지금 자기가 놓여 있는 상황.'을 뜻합니다. '입장'과 바꾸어 쓸 수 있는 말은 '처하여 있는 사정이나 형편.'을 뜻하는 '처지'입니다.

8 ○○시 주민들은 처음에는 교민들이 오는 것을 반대했으나 누리 소통망에 어려움에 처한 교민들을 따뜻하게 맞이하는 글이 퍼지면서 환영하는 분위기로 바뀌고 문제 상황이 해결되었습니다.

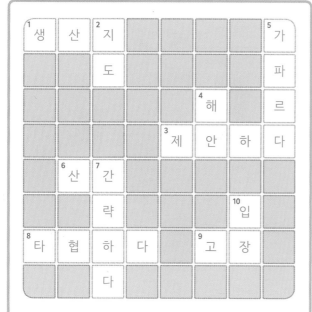

1 ⑤　　　　**2** ④

3 ㉢, ㉣　　　**4** ㉠, ㉢

5 위치　　　　**6** 타협하며

7 📝 친구와 갈등이 생기면 솔직하게 대화를 하여 풀어야 한다.

8 📝 시호가 학급 회의에서 한 달에 한 번 과자 파티를 하자고 제안했다.

한 걸음 더! (1) 국어 (2) 건국 (3) 선진국

7 입장이나 생각이 달라 다른 사람과 부딪치거나 다투었던 경험을 떠올려 보고, '갈등'의 뜻과 쓰임에 맞게 문장을 써 봅니다.

8 회의에서 의견을 말하거나 다른 사람에게 무엇을 하자고 말한 경험을 떠올려 보고 '제안하다'를 사용할 수 있는 상황이 드러나도록 문장을 써 봅니다.

한 걸음 더! (1) 캐나다 국민이 쓰는 말이 영어와 프랑스어라는 뜻이므로 '국어'가 알맞습니다. (2) '신라'는 옛날에 지금의 경상도 지역에 있었던 나라입니다. 박혁거세가 신라를 세운 이야기를 읽은 것이므로 '나라가 세워짐. 또는 나라를 세움.'을 뜻하는 '건국'이 알맞습니다. (3) 전기 자동차 개발에 힘을 쏟을 수 있는 대상은 '다른 나라보다 정치, 경제, 문화 등의 발달이 앞선 나라.'인 '선진국'입니다.

4주 시대별 삶의 모습과 관련된 말

1 (1) ㉢ (2) ㉣ (3) ㉠ (4) ㉡

2 (1) ㉮ (2) ㉯　　　**3** ③

4 ④　　　　　　　**5** 방구들

6 (1) (○)　　　**7** (4) (○)

8 ②, ③, ⑤

2 (1) 거문고, 가야금, 장구, 꽹과리는 우리 고유의 음악인 국악을 연주하는 데 쓰는 '전통' 악기입니다. (2) 사람들이 입는 옷, 먹는 음식, 사는 집은 '의식주'입니다.

3 농사를 지으며 살아가는 사회이므로 ㉠에 들어갈 낱말은 '논밭을 갈아 농사를 지음.'을 뜻하는 '농경'입니다. 사람들이 농사가 잘되기를 빌고 농사의 신에게 감사하는 축제는 '정해진 형식과 절차에 따라 치르는 행사.'이므로 ㉡에 들어갈 낱말은 '의례'입니다.

5 '온돌'과 뜻이 같은 낱말은 '방구들'입니다. '굴뚝'은 '집이나 건물 위에 솟아 있는, 불을 땔 때 연기가 밖으로 빠져나가도록 하는 관.'이고, '댓돌'은 '한옥에서 마루 아래 놓아 밟고 오르내리도록 만든 돌계단.'입니다.

6 추석은 곡식과 과일을 수확하는 가을 무렵이라고 했으므로 어느 때보다 곡식과 과일이 풍성할 것입니다. 따라서 빈칸에는 '온갖 곡식과 과일.'을 뜻하는 '오곡백과'가 들어가는 것이 알맞습니다.

7 국립민속박물관에서 본 조상들의 혼례식이 오늘날의 혼례식과 다르다는 것이므로 ㉠에는 '전통'이 들어가야 합니다. 3개의 전시관에 전시된 것들을 보면서 조상들의 옷과 집, 먹는 음식 등에 대해 알 수 있었을 것이므로 ㉡에는 '의식주'가 들어가야 합니다.

① 고유 ② 계승 ③ 창조

1 (1) 귀하고 (2) 만들다 (3) 높은 (4) 조상

2 (1) 고유한 (2) 지키는 (3) 발전시킨

3

| 필통을 안 가져왔는데 친구가 연필을 계승해 줬어. ( ) | 돌아가신 할머니께서 주신 선물을 소중하게 간직하고 있어. (○) | 누나가 새로운 맛을 창조한다고 물 대신 우유를 넣고 라면을 끓였어. (○) |

4 ③

5 이어받아서

6 (3) (○)

7 귀중한, 소중한

8 ③, ⑤

---

2 (1) 한글은 우리나라에만 있는, 다른 문자들과는 다른 글자이므로 '고유한'이 알맞습니다. (2) 적의 침입을 막고 나라를 보호하여 주는 군인들에게 감사한 마음을 가져야 한다는 뜻이므로 '지키는'이 알맞습니다. (3) 과학자들이 과학 기술을 더 높은 단계로 나아가게 해서 우리 생활이 더욱 편리해진 것이므로 '발전시킨'이 알맞습니다.

3 '계승하다'는 '조상의 전통이나 문화유산, 업적 등을 물려받아 이어 나가다.'라는 뜻이므로 친구가 연필을 계승해 줬다는 것은 잘못된 표현입니다.

4 '전에 없던 것을 처음으로 만들다.'를 뜻하는 '창조하다'와 뜻이 반대인 낱말은 '다른 것을 본뜨거나 본받다.'를 뜻하는 '모방하다'입니다.

5 '계승하다'와 뜻이 비슷한 낱말은 '이미 이루어진 일의 결과나, 해 오던 일 또는 그 정신 등을 전하여 받다.'라는 뜻의 '이어받다'입니다.

6 제시된 글은 우리나라의 전통 의상인 한복에 변화를 주어 새로운 아름다움을 더한 생활한복을 만들었다는 내용입니다. 이 내용과 관련 있는 한자 성어는 '옛것을 익혀서 그것을 통해 새로운 것을 알게 됨.'을 뜻하는 '온고지신'입니다.

7 국보인 숭례문이 불타 무너졌다고 했으므로 '문화재' 앞에 '소중한' 또는 '귀중한'이 들어가는 것이 알맞습니다.

8 문화재 보존가는 오랜 세월을 거쳐 오면서 낡고 망가진 문화재를 고치고 원래 모습으로 되살리는 일과, 문화재가 더 이상 망가지지 않게 보존하는 일을 합니다.

---

① 급속 ② 낙후 ③ 밀집 ④ 발달
⑤ 신도시 ⑥ 정착

1 (1) ㉯ (2) ㉮ (3) ㉰

2

| 신도시 | (1) (○) |
| 낙후되다 | (2) (○) |

3 (1) 밀집 (2) 낙후 (3) 급속

4 ㉡, ㉢

5 ④

6 (3) (○)

7 ②

8 시골, 서울, 신도시

---

3 (1) 학생들이 많이 오가는 거리는 학원이 빽빽하게 모여 있는 거리일 것이므로 '밀집된'이 알맞습니다. (2) 일정한 기준에 미치지 못하고 뒤떨어진 집들을 허물고 새로 지을 것이므로 '낙후된'이 알맞습니다. (3) 젊은이들이 모두 떠난 마을은 인구가 급하고 빠르게 줄어들 것이므로 '급속하게'가 알맞습니다.

4 '발달하다'는 '문명, 학문, 기술, 산업 등이 더 높은 수준에 이르다.'라는 뜻입니다. '의학이 발달하다.', '교통과 산업이 발달하다.'는 모두 알맞은 표현입니다. 그러나 '키가 발달하다.'라는 표현은 쓰지 않습니다.

5 '일정한 곳에 자리를 잡아 머물러 살다.'를 뜻하는 '정착하다'와 뜻이 반대인 낱말은 '일정하게 자리 잡고 사는 곳이 없이 떠돌아다니다.'를 뜻하는 '유랑하다'입니다.

6 '골머리를 앓다'는 '어떻게 해야 할지 몰라서 머리가 아플 정도로 생각에 몰두하다.'라는 뜻의 관용어입니다. '몹시 안타깝게 기다리다.'는 '목이 빠지게 기다리다', '여러 번 말해도 받아들이지 않아 말한 보람이 없다.'는 '입만 아프다'의 뜻입니다.

7 우리나라에서 가장 큰 도시인 서울은 버스와 전철 같은 대중교통이 어느 지역보다 높은 수준에 이르렀을 것입니다. 따라서 ㉠에는 '발달하다'가 들어가는 것이 알맞습니다.

8 성희는 시골 마을에서 태어나 살다가 일곱 살 때 아버지 회사가 있는 서울로 이사를 했습니다. 그리고 2년 뒤에 서울 주변에 생긴 신도시로 또다시 이사했습니다.

오늘은 전문가들과 함께 대한민국이 앞으로 어떤 사회에 **진입**할지 이야기를 나누어 보겠습니다.

○△ 정기 간담회

우리나라의 인구가 줄기 시작했어요. 앞으로 점점 더 감소할 것으로 **예상**하고 있습니다.

대한민국은 이미 **다문화** 사회가 되었습니다. 우리와 다른 문화를 존중하는 태도가 더욱 중요해졌습니다.

우리나라의 **고령화** 현상이 무척 심해지고 있다는 사실에도 주목해야 합니다.

과학 기술이 더욱 발달하여 **여가**를 즐기는 모습도 달라질 것입니다. 가상 현실을 활용해 즐거운 시간을 보낼 수 있지요.

인공 지능이 인간을 **대체**해 일자리가 줄어들 것이라는 전망도 나오고 있어요.

1 (1) 시간 (2) 장소 (3) 노인 (4) 문화

2 ②　　　　　**3** 여가

4 (1) (○) (2) (○)　　**5** ③

6 (1) (○) (3) (○)

7 (2) (○)　　　**8** ①, ③, ④

2 '예상하다'는 '어떤 일이 있기 전에 미리 짐작하여 생각하다.'라는 뜻이므로 ②에서 어제 있었던 일을 예상했다는 것은 잘못된 표현입니다. ③에서 '다문화'는 '한 사회 안에 여러 민족이나 여러 나라의 문화가 섞여 있는 것.'이므로 다문화 가정은 서로 다른 국적이나 인종, 문화를 가진 두 사람이 이룬 가정을 말합니다.

3 문장의 빈칸에는 모두 '일이 없어 남는 시간.'을 뜻하는 '여가'가 들어갑니다. '여가가 없다.', '여가를 이용하다.', '여가를 즐기다.'와 같이 표현합니다.

6 솔아는 치마 대신 반바지를 샀고, 경호는 짜장면 대신 짜장라면을 먹었으므로 '꿩 대신 닭'을 쓸 수 있는 상황입니다. 하지만 유민이의 상황은 '꿩 대신 닭'에 해당하지 않습니다. '평소에 흔하던 것도 막상 긴하게 쓰려고 구하면 없다는 말.'인 '개똥도 약에 쓰려면 없다'를 쓰는 것이 알맞습니다.

8 글쓴이는 피부색과 생김새가 다른 다문화 가정 친구들을 놀리는 것은 옳지 않고, 베트남, 인도와 우리나라는 더 좋고 나쁨이 없이 서로 다를 뿐이라고 생각합니다. 그리고 이제 우리는 다양한 나라의 사람들과 함께 어울려 살아야 하므로 서로를 이해하고 존중해야 한다고 생각합니다.

1 경작　　　　　**2** 전망하십니까

3 ㉡, ㉢　　　　**4** ㉢, ㉣

5 ①　　　　　　**6** ⑤

7 여가　　　　　**8** 발달

한 걸음 더! (1) 전달 (2) 전염 (3) 구전

1 '논밭을 갈아 농사를 지음.'을 뜻하는 '농경'과 뜻이 비슷한 낱말은 '땅을 갈아서 농사를 지음.'을 뜻하는 '경작'입니다.

3 '비슷한 다른 것으로 바꾸다.'를 뜻하는 '대체하다'와, '무엇을 다른 것과 바꾸어 그 구실을 하게 하다.'를 뜻하는 '대신하다'가 뜻이 비슷한 낱말입니다.

5 지문은 본래부터 지니고 있는 것으로 각각의 사람이 다른 사람과는 다른 모양의 무늬를 가지고 있습니다. 그러므로 빈칸에 들어갈 알맞은 낱말은 '본래부터 지니고 있는 것으로 다른 것과 다르다.'를 뜻하는 '고유하다'가 알맞습니다.

7 일이 없어 남는 시간에 건강을 위해 달리기를 한다는 뜻이므로 '여가'가 알맞습니다.

8 교통이 높은 수준에 이르러서 전국 어디든 하루 안에 오갈 수 있게 된 것이므로 '발달'이 알맞습니다.

한 걸음 더! (1) 학교에서 받은 가정 통신문을 부모님이 받게 한 것이므로 '전달'이 알맞습니다. (2) 도윤이의 병이 옮은 것이므로 '전염'이 알맞습니다. (3) 옛날이야기는 오래 전부터 말로 전해진 것이므로 '구전'이 알맞습니다.

5주 1일차

✏️ ① 강수량 ② 건조 ③ 기온 ④ 기후
⑤ 뚜렷 ⑥ 습도

1 (1) ㉯ (2) ㉰ (3) ㉮

2 (1) 온도 (2) 공기 (3) 날씨

3 (1) 기온 (2) 기후 (3) 강수량

4

공기가 너무 건조해서 가습기를 틀었어. (○)

우리나라는 봄, 여름, 가을, 겨울 사계절이 뚜렷해. (○)

외출하고 돌아오면 바로 손을 씻는 습도를 길러야 해. ( )

5 습한　　**6** (1) (○)

7 (4) (○)　　**8** 주연

5주 2일차

하수구가 통해서 물이 잘 빠지지 않았어. ( )

계속되는 가뭄으로 저수지 물이 불어났어. ( )

신문에서 프로 야구 경기 결과를 보도했어. (○)

1 (1) 바람 (2) 막힘 (3) 비 (4) 소식

2 (1) 🍊, 🍊 (2) 🍊, 🍊

3 ㉣　　　　**4** ②

5 (2) (○)　　**6** (1) (○)

7 (1) 강풍 (2) 보도합니다

8 ①, ④

---

3 (1) 공기의 온도인 '기온'이 높아야 더워서 반팔 옷을 입게 됩니다. (2) 열대 지방은 일 년 내내 덥고 비가 많이 온다고 했으므로 일정한 지역에서 여러 해에 걸쳐 나타난 평균적인 날씨인 '기후'가 알맞습니다. (3) 눈이 많이 오는 울릉도는 '일정한 장소에 일정 기간 내린 눈, 비 등 물의 양.'을 뜻하는 '강수량'이 겨울에도 많습니다.

4 '습도'는 '공기 중에 수증기가 포함된 정도.'를 뜻하므로 '습도를 기른다.'는 표현은 알맞지 않습니다. 세 번째 친구는 '오랫동안 되풀이하는 동안에 저절로 익혀진 버릇.'을 뜻하는 '습관'을 사용해 말해야 합니다.

6 기후 변화와 기상 이변은 지구에 사는 모두에게 닥친 위험이라고 하였으므로 지구가 더 뜨거워지는 것을 막으려면 전 세계 사람들이 한마음 한 몸으로 서로 굳게 뭉치는 것이 알맞습니다. (2)는 '자포자기', (3)은 '작심삼일'의 뜻입니다.

7 습도가 낮은 날씨가 계속되어 산의 나무와 흙이 바싹 마른다는 내용으로 보아 비나 눈이 적게 내린다는 것을 짐작할 수 있습니다. 따라서 ㉠에는 '강수량'이, ㉡에는 '건조한'이 들어가는 것이 알맞습니다.

---

3 '보도하다'는 '신문이나 방송 등을 통해 여러 사람에게 새로운 소식을 알리다.'라는 뜻이므로 수업 시간에 친구들 앞에서 말하는 상황에서는 쓰지 않습니다. ㉣에서는 '발표했다'를 쓰는 것이 알맞습니다.

4 '약하게 부는 바람.'을 뜻하는 '미풍'이 '강풍'과 뜻이 반대인 낱말입니다. '해풍'은 '바다에서 육지로 불어오는 바람.', '돌풍'은 '갑자기 세게 부는 바람.', '폭풍'은 '매우 세차게 부는 바람.', '풍랑'은 '바람과 물결을 아울러 이르는 말.'입니다.

5 '부근'과 바꾸어 쓸 수 있는 낱말은 '가까운 곳.'을 뜻하는 '근처'입니다. '야외'는 '집이나 건물의 밖.'을 뜻하고, '지역'은 '어떤 특징이나 기준에 따라 나눈 일정한 땅.'을 뜻합니다.

6 물이 불어나는 속도가 너무 빠르다고 했으므로 '매우 짧은 순간에.'를 뜻하는 '눈 깜짝할 사이에'가 들어가는 것이 알맞습니다.

7 ㉠은 '세게 부는 바람.'을 뜻하는 '강풍'으로 바꿀 수 있습니다. 태풍 소식을 텔레비전과 라디오에서 알린다고 하였으므로, ㉡은 '신문이나 방송 등을 통해 여러 사람에게 새로운 소식을 알리다.'를 뜻하는 '보도하다'로 바꿀 수 있습니다.

8 ① 대부분의 태풍은 우리나라를 비껴간다고 하였습니다. ④ 태풍이 가뭄을 끝나게 하고 공기 중의 오염 물질을 씻어 내는 등 이로운 점도 있다고 하였습니다.

5주 3일차

1 (1) ㉠ (2) ㉢ (3) ㉡ (4) ㉣

2 (1) 미끄러운 (2) 추위

3 (1) 눈보라 (2) 뒤덮었다

4 ㉠

5 (1) ㉠ (2) ㉡

6 (3) (○)

7 ③

8 (1) 빙판길 (2) 눈보라

3 (1) 몰아쳤다고 했으므로 '바람과 함께 휘몰아쳐 날리는 눈.'인 '눈보라'가 알맞습니다. (2) 밤새 눈이 내려 아침에 하얀 눈이 온 세상을 온통 덮은 상황일 것이므로 '빈 데가 없이 온통 덮다.'인 '뒤덮다'가 알맞습니다.

4 '제설'은 '쌓인 눈을 치움.'을 뜻하므로 ㉠의 '제설이 쏟아졌다.'라는 표현은 알맞지 않습니다.

6 제설함은 눈이 많이 내릴 때를 대비해 제설 장비를 미리 준비해 둔 것이므로 '미리 준비가 되어 있으면 걱정할 것이 없음.'을 뜻하는 '유비무환'이 알맞습니다.

7 욕심 많고 사나운 사또는 김 영감의 재산을 빼앗기 위해 여름에 열리는 산딸기를 추운 겨울에 구해 오라고 한 것입니다.

8 (1) 김 영감은 눈으로 뒤덮인 산에 갔고, ㉠ 앞에 '미끄러운'이 있으므로 ㉠은 '빙판길'이 알맞습니다. (2) 이야기의 배경이 눈 내리는 추운 겨울날이므로 ㉡은 '눈보라'가 알맞습니다.

5주 4일차

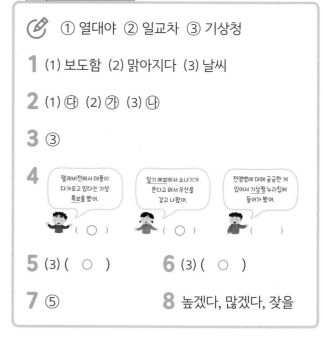

① 열대야 ② 일교차 ③ 기상청

1 (1) 보도함 (2) 맑아지다 (3) 날씨

2 (1) ㉰ (2) ㉮ (3) ㉯

3 ③

4

5 (3) (○)

6 (3) (○)

7 ⑤

8 높겠다, 많겠다, 잦을

3 흐렸던 날씨가 차차 달라지겠다는 것이므로 ㉠은 '흐리거나 궂은 날씨가 맑아지다.'를 뜻하는 '개겠습니다'가 알맞습니다. 최저 기온이 7~10도이고 최고 기온이 18~25도여서 그 차이가 크므로 ㉡은 '기온, 습도 등이 하루 동안에 변화하는 차이.'인 '일교차'가 알맞습니다.

4 '기상청'은 날씨의 상태를 관찰하고 예측하여 일기 예보와 같은 정보를 알리는 기관이므로 전염병과는 관련이 없습니다.

5 (1)~(3)에서 쓰인 '개다'는 형태는 같지만 뜻이 서로 다른 낱말입니다. <보기>의 문장에서 '개다'는 '흐리거나 궂은 날씨가 맑아지다.'의 뜻입니다. '개다'가 이와 같은 뜻으로 쓰인 문장은 (3)입니다. (1)에서는 '옷이나 이부자리를 반듯하게 포개어 접다.'를 뜻하는 '개다'가 쓰였습니다. (2)에서는 '가루나 덩어리를 물이나 기름 등에 으깨어 풀어지거나 반죽이 되게 하다.'를 뜻하는 '개다'가 쓰였습니다.

6 무척 더운 날 밖에서 놀다 들어와 몸에 힘이 쭉 빠진 '나'를 보고 엄마가 하신 말씀이므로, '더위 먹다'의 뜻은 (3) '여름철에 더위 때문에 몸에 이상이 생기다.'가 알맞습니다. (1)은 '떡이 생기다', (2)는 '목이 타다', (4)는 '골탕 먹다'의 뜻입니다.

8 기상청에서 올여름 날씨를 예측하여 발표한 내용을 글에서 확인해 봅니다. 6월 말 기온이 다른 해보다 높겠고, 7월에는 많은 비가 내려 습도가 높고 밤에도 열이 식지 않아 열대야인 날이 많겠다고 하였습니다. 또 8월에는 폭염이 잦을 것으로 보인다고 하였습니다.

¹강	수	량					⁴뒤
풍				²열			덮
				³대	비	하	다
				야			
	⁵눈	⁶보	라				
		도					
⁷건	조	하	다			⁸기	후
		다				온	

1 ㉡, ㉢

2 ㉠, ㉣

3 개어

4 대비

5 기후

6 통하도록

7 📝 일기 예보에서 토요일에 날씨가 좋다고 해서 나들이를 가기로 했다.

8 📝 준호가 빙판길에서 미끄럼을 타는 장난을 치다가 넘어졌다.

한 걸음 더! (1) 우비 (2) 폭풍우 (3) 우박

1 '말라서 젖은 듯한 기운이 없다.'를 뜻하는 '건조하다'와 뜻이 비슷한 낱말은 '공기가 건조하다.'를 뜻하는 '메마르다' 입니다.

7 일기 예보를 보았거나 일기 예보에서 알려 주는 날씨 정보가 필요했던 경험을 떠올려 보고, 그 상황이 드러나게 문장을 써 봅니다.

8 겨울에 빙판길을 걸었던 경험이나 빙판길이 생기는 상황을 떠올려 보고 '빙판길'의 뜻과 쓰임에 맞게 문장을 써 봅니다.

한 걸음 더! (1) '우산'은 입지 않고 쓰는 것이므로 농부가 입은 것은 '우비'가 알맞습니다. (2) 바다에 배가 뜨지 못한 까닭으로는 세찬 바람이 불면서 쏟아지는 큰비인 '폭풍우'가 알맞습니다. (3) 무언가가 쏟아져 사과나무에 달린 사과가 떨어졌다고 하였으므로 '우박'이 알맞습니다.

6주 동물, 식물의 세계와 관련된 말

1 (1) ㉡ (2) ㉠ (3) ㉣ (4) ㉢

2 멸종 (2) (○)
　　증가하다 (1) (○)

3 (1) 생존 (2) 적응

4 (1) ㉮ (2) ㉯

5 ⑤

6 (3) (○)

7 ③, ④　　　　　　**8** 현아, 경원

3 뜨거운 사막에서는 얇고 큰 귀로 몸의 열을 잘 내보낼 수 있어야 살아남기에 유리했을 것입니다. 따라서 ㉠은 '생존'이 알맞습니다. 사막에 사는 여우의 얇고 큰 귀는 뜨거운 사막이라는 환경에 알맞게 변한 것이므로 ㉡은 '적응'이 알맞습니다.

4 (1) 수달, 산양을 보호해야 한다고 했으므로 '생물의 한 종류가 아주 없어짐.'을 뜻하는 '멸종'은 ㉮ 문장에 알맞습니다. (2) 바람에 날린 민들레의 씨는 땅에 떨어져 싹을 틔우고 자라납니다. 이렇게 하여 민들레의 수가 늘어서 많이 퍼지게 되므로 '생물체의 수나 양이 늘어서 많이 퍼지다.'를 뜻하는 '번식'은 ㉯ 문장에 알맞습니다.

✏️ ① 곤충 ② 서식지 ③ 수명 ④ 육식
⑤ 진화 ⑥ 포유류

1 (1) 기간 (2) 젖 (3) 고기 (4) 곳

2 (1) ●, ▮ (2) ●, ▮

3 ㄹ

4 초식

5 ⑤

6 (2) (○)

7 (1) (○)   **8** ②, ④, ⑤

2 '곤충'은 '몸이 대개 단단한 껍질로 싸여 있고, 머리·가슴·배의 세 부분으로 되어 있으며, 세 쌍의 발을 가진 작은 동물.'입니다.

3 '포유류'는 '새끼를 낳아 젖을 먹여 키우는 동물.'이므로, 알을 낳는 황제펭귄은 포유류가 아닙니다.

4 '육식'은 '동물이 다른 동물의 고기를 먹이로 하는 일.'입니다. '육식'과 뜻이 반대인 낱말은 '주로 풀이나 푸성귀만 먹고 삶.'을 뜻하는 '초식'입니다.

5 '생물이 생명이 생긴 후부터 조금씩 발전해 가다.'를 뜻하는 '진화하다'와 뜻이 반대인 낱말은 '생물의 기관이나 조직의 형태가 단순하게 되고 크기가 줄어드는 등 진화나 발달 이전의 모습으로 변화하다.'를 뜻하는 '퇴화하다'입니다.

6 야생에서 약한 사슴이 강한 사자에게 잡아먹히는 것은 '약육강식'으로 표현할 수 있습니다. 야생에서 약육강식은 자연의 질서이지만, 인간 사회에서는 그렇지 않습니다. '약육강식'은 '강한 자가 약한 자를 희생시켜서 번영하거나, 약한 자가 강한 자에게 끝내는 멸망됨을 이르는 말.'을 뜻하기도 합니다.

7 개미, 벌, 파리, 모기, 매미는 곤충이고, 이어지는 문장에서도 곤충에 대해 말하고 있으므로 ㉠은 '곤충'이 알맞습니다. ㉡ 뒤에 이어지는 내용에서 곤충이 살지 않는 곳은 거의 없다고 했으므로 ㉡은 '생물 등이 일정한 곳에 자리를 잡고 사는 곳.'을 뜻하는 '서식지'가 알맞습니다.

✏️ ① 무해 ② 통증 ③ 호흡

1 (1) ㉯ (2) ㉮ (3) ㉰

2 (1) 해로움 (2) 이겨 내는 (3) 처음

3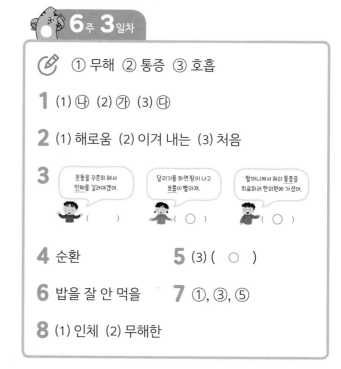

운동을 꾸준히 해서 인체를 길러야겠어. ( )

달리기를 하면 땀이 나고 호흡이 빨라져. (○)

할머니께서 허리 통증을 치료하러 한의원에 가셨어. (○)

4 순환   **5** (3) (○)

6 밥을 잘 안 먹을   **7** ①, ③, ⑤

8 (1) 인체 (2) 무해한

3 '인체'는 '사람의 몸.'이라는 뜻으로, '인체를 기르다.'라는 표현은 쓰지 않습니다. 첫 번째 친구는 '체력'을 사용하여 '체력을 길러야겠어.'라고 표현해야 합니다. '호흡'은 '숨을 내쉬고 들이마시는 것.'이라는 뜻이므로, '호흡이 빨라진다.'는 표현은 알맞습니다. '통증'은 '아픈 증세.'라는 뜻이므로, '허리 통증을 치료하러 한의원에 가다.'라는 표현은 알맞습니다.

4 심장에서 나온 혈액이 몸 구석구석을 거쳐 다시 심장으로 돌아오고, 이것을 살아 있는 동안 쉬지 않고 되풀이한다는 의미이므로 빈칸에는 모두 '순환'이 들어가는 것이 알맞습니다.

6 '감기는 밥상머리에서 물러간다'는 속담에는 밥을 잘 먹어야 병이 낫는다는 뜻이 담겨 있으므로, 감기에 걸린 동생이 밥을 잘 안 먹을 때 타이르며 해 줄 수 있는 말입니다.

7 ② 엑스선의 발견 이후 과학과 의학의 발달로 오늘날에는 몸속을 선명하고 자세하게 촬영할 수 있어서, 환자가 아픈 원인을 정확하게 알아낼 수 있게 되었습니다. ④ 의사들은 뼈를 찍을 수 있는 엑스선을 이용하여 환자의 상태를 파악할 수 있기 때문에 뢴트겐의 엑스선 발견을 무척 반겼습니다.

8 (1) '사람의 몸.'을 뜻하는 낱말은 '인체'입니다. '체중'은 '몸의 무게.', '치아'는 '사람의 이.'를 이르는 말입니다. (2) '해가 없는'과 바꾸어 쓸 수 있는 낱말은 '해로움이 없는.'을 뜻하는 '무해한'입니다.

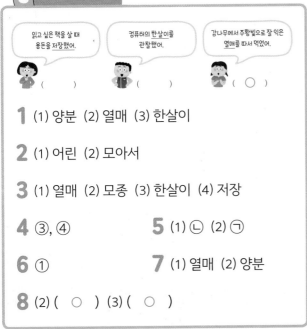

읽고 싶은 책을 살 때 용돈을 저장했어. ( )

컴퓨터의 한살이를 관찰했어. ( )

감나무에서 주황빛으로 잘 익은 열매를 따서 먹었어. (○)

1 (1) 양분 (2) 열매 (3) 한살이

2 (1) 어린 (2) 모아서

3 (1) 열매 (2) 모종 (3) 한살이 (4) 저장

4 ③, ④　　　**5** (1) ㉡ (2) ㉠

6 ①　　　**7** (1) 열매 (2) 양분

8 (2) (○) (3) (○)

3 (1) 배는 배나무의 꽃이 진 자리에 맺히는 '열매'입니다. (2) 뿌리, 줄기, 잎이 다 있는 것은 씨앗을 심어 어느 정도 가꾼 어린 식물인 '모종'입니다. (3) 씨가 싹이 터서 자라고 꽃이 피고 열매를 맺어 다시 씨가 만들어지는 과정이 식물이 목숨을 지니고 살아 있는 동안인 '한살이'입니다. (4) 당근과 고구마는 양분을 뿌리에 모아서 '저장'하기 때문에 뿌리가 굵습니다.

4 '생물이 살아가기 위해 필요한 영양 성분.'인 '양분'과 뜻이 비슷한 낱말은 '영양분', '자양분'입니다.

5 (1)과 (2)에 쓰인 '수분'은 형태는 같지만 뜻이 서로 다른 낱말입니다. (1)에서는 '식물이 열매를 맺기 위해 꽃의 수술에 붙은 꽃가루가 암술머리에 옮겨 붙는 일.'을 뜻하는 '수분'이 쓰였습니다. 꽃에 앉은 벌과 나비의 몸에 수술의 꽃가루가 묻고, 이것이 암술머리에 묻어서 수분이 이루어집니다. (2)는 물을 마셔 땀으로 나온 수분을 보충해야 한다는 의미로, '축축한 물의 기운.'을 뜻하는 '수분'이 쓰였습니다.

6 할아버지께서 '주아가 정성껏 키운 보람이 있구나.'라고 말씀하신 것으로 보아, 글쓴이가 자주 모종을 살펴보았음을 알 수 있습니다. '하루에도 열두 번'은 '매우 자주.'라는 뜻의 관용어입니다.

8 셀러리, 부추, 대파 모종은 글쓴이가 꽃 시장에서 본 모종입니다. 글쓴이네 가족은 상추·고추·가지·토마토 모종과, 봉숭아·채송화·백일홍 꽃씨, 식물 영양제와 비료를 샀습니다.

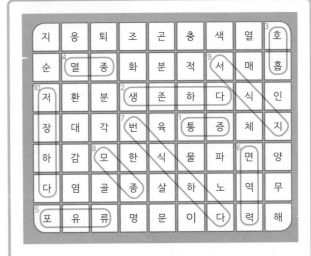

지	응	퇴	조	곤	충	색	열	호
순	멸	종	화	분	적	서	매	흡
저	환	분	생	존	하	다	식	인
장	대	각	번	육	통	증	체	지
하	감	모	한	식	물	파	면	양
다	염	골	종	살	하	노	역	무
포	유	류	명	문	이	다	력	해

1 일생　　　**2** 꽃가루받이

3 ㉡, ㉢　　　**4** ㉡, ㉣

5 (3) (○)　　　**6** (2) (○)

7 예 머리 한쪽이 콕콕 쑤시는 통증을 느껴서 약을 먹었다.

8 예 과수원의 복숭아나무에 열매가 주렁주렁 열렸다.

한 걸음 더! (1) 체온 (2) 체조 (3) 체력

5 무주의 남대천은 반딧불이가 사는 곳이므로 빈칸에는 '생물 등이 일정한 곳에 자리를 잡고 사는 곳.'을 뜻하는 '서식지'가 들어가는 것이 알맞습니다. '묘지'는 '무덤이나 무덤이 있는 땅.', '생산지'는 '어떤 물품을 만들어 내는 곳이나 물품이 저절로 생겨나는 곳.'을 뜻합니다.

7 몸이 아팠던 경험을 떠올려 보고, '통증'의 뜻과 쓰임에 맞게 문장을 쓰도록 합니다.

8 우리가 먹는 과일은 과일나무의 열매입니다. 과일을 먹었던 경험이나 나무에 열매가 열린 것을 본 경험을 떠올려 보고, '열매'의 뜻과 쓰임에 맞게 문장을 쓰도록 합니다.

한 걸음 더! (1) 열이 날 때는 몸의 온도인 '체온'을 잽니다. (2) 물에 들어가 물놀이를 하기 전에는 몸의 단련과 건강을 위해 일정한 방식으로 몸을 움직이는 운동인 '체조'를 하는 것이 알맞습니다. (3) 지치지 않는 진수는 몸을 움직여 어떤 일을 할 수 있는 힘인 '체력'이 좋은 것입니다.

7주 음악, 문화와 관련된 말

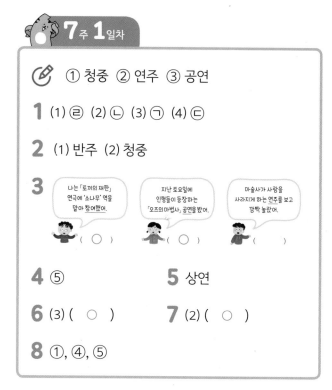

7주 1일차

✎ ① 청중 ② 연주 ③ 공연

1 (1) ㄹ (2) ㄴ (3) ㄱ (4) ㄷ

2 (1) 반주 (2) 청중

3 나는 「토끼의 재판」 연극에 '소나무' 역을 맡아 참여했어. ( )
지난 토요일에 인형들이 등장하는 「오즈의 마법사」 공연을 봤어. ( )
마술사가 사람을 사라지게 하는 연주를 보고 깜짝 놀랐어. ( )

4 ⑤   5 상연

6 (3) (○)   7 (2) (○)

8 ①, ④, ⑤

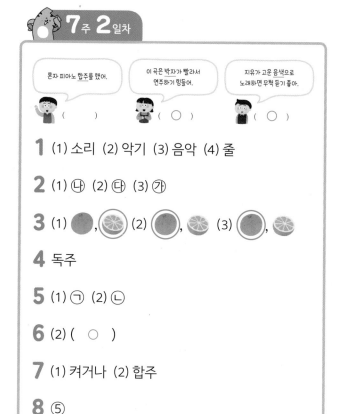

7주 2일차

혼자 피아노 합주를 했어. ( )
이 곡은 박자가 빨라서 연주하기 힘들어. (○)
지유가 고운 음색으로 노래하면 무척 듣기 좋아. (○)

1 (1) 소리 (2) 악기 (3) 음악 (4) 줄

2 (1) ㉯ (2) ㉰ (3) ㉮

3 (1) 🍊, 🍋 (2) 🍊, 🍋 (3) 🍊, 🍋

4 독주

5 (1) ㉠ (2) ㉡

6 (2) (○)

7 (1) 켜거나 (2) 합주

8 ⑤

2 (1) 합창단이 노래를 불렀다고 했으므로 '노래나 악기 연주를 돕기 위해 옆에서 다른 악기를 연주함. 또는 그렇게 하는 연주.'를 뜻하는 '반주'가 알맞습니다. (2) 가수의 콘서트를 보러 온 대상은 '강연이나 음악 등을 듣기 위해 모인 사람들.'인 '청중'이 알맞습니다.

3 '연주'는 '악기를 다루어 곡을 표현하거나 들려주는 일.'이므로 세 번째 친구가 마술사가 사람을 사라지게 하는 마술을 '연주'로 표현한 것은 알맞지 않습니다.

4 '모임이나 행사, 회의 등을 맡아서 열다.'를 뜻하는 '개최하다'와 뜻이 비슷한 낱말은 '행사나 모임을 책임지고 맡아 기획하여 열다.'를 뜻하는 '주최하다'입니다.

6 '우레'는 벼락이나 번개가 칠 때에 대기가 요란하게 울리는 소리인 천둥을 일컫는 말입니다. '우레와 같은 박수'는 많은 사람이 치는 매우 큰 소리의 박수를 뜻하는 관용어입니다. 베토벤의 음악에 감동을 받은 사람들이 환호를 보냈다고 했으므로 많은 사람이 크게 박수를 쳤음을 알 수 있습니다.

7 노래를 부를 때 흘러나오는 것이므로 '노래나 악기 연주를 돕기 위해 옆에서 다른 악기를 연주함. 또는 그렇게 하는 연주.'를 뜻하는 '반주'가 알맞습니다.

2 (1) '화음'은 '높이가 다른 둘 이상의 음이 함께 어울리는 소리.'를 뜻하므로 '화음'을 넣어 노래를 부르자는 표현이 알맞습니다. (2) '음색'은 '어떤 소리가 지닌 독특한 성질.'을 뜻하므로 첼로의 낮고 부드러운 '음색'이 알맞습니다. (3) '박자'는 '음악에서, 센 소리와 여린 소리가 규칙적으로 반복되면서 생기는 리듬. 또는 그 단위.'를 뜻하므로 '박자가 빠르다.', '박자가 느리다.'와 같이 표현합니다. 따라서 빠른 박자에 맞추어 노래를 불렀다는 표현이 알맞습니다.

3 '켜다'는 '바이올린, 첼로 등 현악기의 줄을 활로 문질러 소리를 내다.'를 뜻하는 낱말이므로 '피아노를 켰다.'는 잘못된 표현입니다. 피아노를 연주하는 것은 '피아노를 쳤다.'와 같이 '치다'를 사용해 표현해야 합니다.

4 '두 가지 이상의 악기로 동시에 연주함. 또는 그런 연주.'를 뜻하는 '합주'와 뜻이 반대인 낱말은 '한 사람이 악기를 연주하는 것.'을 뜻하는 '독주'입니다.

6 앞에 '어디선가 들어 본'이 있으므로 빈칸에는 '들은 기억이 있어 친숙하다.'를 뜻하는 관용어인 '귀에 익다'가 들어가야 합니다.

8 ⑤는 관악기를 연주하는 방법에 맞게 '입으로 불어서 소리를 내는 악기'라고 정리해야 합니다.

✏️ ① 가치 ② 관광 ③ 다양 ④ 의식
⑤ 체험 ⑥ 특색

1 (1) 나 (2) 다 (3) 가

2 (1) 다른 (2) 쓸모 (3) 의견

3 (1) 의식 (2) 다양 (3) 관광 (4) 가치

4 ⑤

5 (4) (○)

6 (2) (○)   **7** ④

8 건물과 탑들, 다양한 조각들, 머리, 나무뿌리

3 (1) 동네 이웃들끼리 같은 집단에 속해 있다는 생각인 공동체 '의식'이 알맞습니다. (2) 큰 옷 가게에 옷이 많다고 했으므로 '다양한 종류의 옷'이 알맞습니다. (3) '일본을 관광하다.'가 알맞은 표현입니다. (4) 시간을 함부로 보내지 않는다고 했으므로 '가치 있게 쓰다.'로 표현해야 합니다.

4 '자기가 몸으로 직접 겪다.'를 뜻하는 '체험하다'와 바꾸어 쓸 수 있는 낱말은 '자기가 실제로 해 보거나 겪어 보다.'를 뜻하는 '경험하다'입니다.

5 '보통의 것과 다른 점.'을 뜻하는 '특색'과 뜻이 비슷한 낱말은 '다른 것에 비해 특별히 눈에 띄는 점.'을 뜻하는 '특징'입니다.

6 많은 나라가 저마다 다른 고유의 문화를 가지고 있다고 했으므로, 각기 다른 여러 가지를 의미하는 '각양각색'의 문화를 이해하고 존중해야 한다는 표현이 알맞습니다.

7 앙코르 와트 유적지는 세계적인 관광지이므로 '학습했다'를 '다른 지방이나 다른 나라에 가서 그곳의 경치, 풍습, 풍물 등을 구경하다.'를 뜻하는 '관광하다'로 바꾸는 것이 알맞습니다.

8 글쓴이는 앙코르 와트 유적지에서 특색 있는 건물과 탑들, 벽에 새긴 다양한 조각들, 머리가 3개인 코끼리 조각, 사원을 휘감고 있는 거대한 나무뿌리를 보았습니다.

1 (1) 민중 (2) 민속 (3) 문화재 (4) 즐기다

2 (1) 즐거움 (2) 생겨나게

3 민속   **4** ③

5 (1) 나 (2) 가

6 (2) (○) (3) (○)

7 (4) (○)   **8** ⑤

3 딱지치기는 민간에 전해 내려오는 민속놀이 중 하나이고, 옛 모습을 잘 보여 주는 마을은 민속 마을입니다. 씨름, 활쏘기, 줄다리기등은 우리 민족이 전통적으로 해 온 민속 경기입니다. 따라서 빈칸에 공통으로 들어갈 낱말은 '민속'입니다.

4 '문화재'는 '문화적 가치가 뛰어나서 법으로 보호를 받는 유물 및 유적.'입니다. 따라서 반 친구들이 그린 그림을 문화재라고 하는 것은 알맞지 않습니다.

6 (1)은 '다른 사람에 관한 이야기를 하는데 공교롭게 그 사람이 나타나는 경우를 이르는 말.'인 '호랑이도 제 말 하면 온다'는 속담을 쓸 수 있는 상황입니다. (2)는 동생이 꾸중을 듣는 상황을 더 키운 경우이고, (3)은 오빠가 세경이를 더욱 화나게 한 경우이므로 '불난 집에 부채질한다'를 쓸 수 있습니다.

8 옛날에 농민들이 농사가 잘되기를 기원하며 연주한 것은 농악이라고도 불리는 '풍물놀이'입니다.

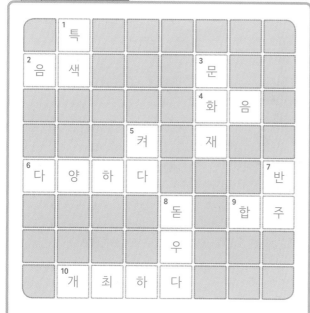

1 ④   2 ②

3 ㉢, ㉺   4 ㉠, ㉢

5 가치   6 반주

7 즐기다   8 다양하다

한 걸음 더! (1) 음표 (2) 음치 (3) 녹음

3 '한 사람이 악기를 연주함.'을 뜻하는 '독주'와, '두 가지 이 상의 악기로 동시에 연주함. 또는 그런 연주.'를 뜻하는 '합 주'가 뜻이 반대인 낱말입니다.

7 축구를 좋아하여 자주 한다는 뜻이므로 '즐기다'가 들어가 는 것이 알맞습니다.

8 도서관에 있는 책의 종류가 여러 가지로 많다는 뜻이므로 '다양하다'가 들어가는 것이 알맞습니다.

한 걸음 더! (1) 음악가가 노래를 작곡할 때는 오선지에 음의 길이와 높낮이를 나타내는 기호인 '음표'를 그리는 것이 알맞 습니다. (2) 태우는 노래를 못한다고 하였으므로 노랫소리를 제대로 내지 못하는 '음치'가 알맞습니다. (3) 희서는 자신의 노랫소리를 들어 보았다고 했으므로 실제의 소리를 나중에 그 대로 다시 들을 수 있도록 기계 장치에 옮겨 놓는 것을 뜻하는 '녹음'이 알맞습니다.

8주 약속, 규칙과 관련된 말

✏️ ① 함부로 ② 공공장소 ③ 안내문

1 (1) ㉯ (2) ㉰ (3) ㉮

2 함부로 (1) (○)
  시설물 (2) (○)

3 ㉠, ㉢

4 (1) 안내문 (2) 최선 (3) 공공장소

5 ①, ⑤   6 (3) (○)

7 (2) (○)   8 ①, ②, ④

3 '규칙'은 여러 사람이 다 같이 지키기로 정한 법칙이므로, ㉠의 '반에서 지켜야 할 규칙'과 ㉢의 '경기 규칙'은 모두 알맞습니다. ㉡의 빈칸에는 '소식'이나 '연락' 등의 낱말이 들어가야 하고 ㉣의 빈칸에는 '약속'이 들어가는 것이 알 맞습니다.

4 (1) 미술관에는 미술관에서 지켜야 할 일 등을 알려 주는 '안내문'이 붙어 있는 것이 알맞습니다. (2) 식당에서는 손 님에게 맛있는 음식을 주기 위해 모든 정성과 힘을 다할 것이므로 '최선'이 알맞습니다. (3) 영화관, 도서관 등은 여 러 사람이 함께 이용하는 곳이므로 '공공장소'가 알맞습 니다.

5 '함부로'와 뜻이 비슷한 낱말은 '아무렇게나 함부로.'를 뜻 하는 '마구'와 '되는대로'입니다. '저절로'는 '다른 힘을 빌 리지 않고 제 스스로. 또는 일부러 힘을 들이지 않고 자연 적으로.'라는 뜻입니다.

7 승환이네 가족이 읽은 것은 놀이터에서 지켜야 할 사항을 알려 주는 내용이므로 ㉠에는 '안내문'이 알맞습니다. 놀 이터의 시설물을 망가뜨리지 않는다는 내용이므로 ㉡에 는 '함부로'가 알맞습니다.

8 ③ 어른은 놀이터 안에 들어오면 안 된다는 내용은 안내 문에 없습니다. ⑤ 안내문에서는 슬리퍼를 신고 놀이 기 구를 타지 말라고 했습니다.

1 (1) ㄹ (2) ㄴ (3) ㄱ (4) ㄷ

2 (1) 지나다님 (2) 돈   3 (1) ㉯ (2) ㉮

4 규현, 지원   5 ④

6 (3) (○)

7 교통사고, 어린이, 길

8 ⑤

3 (1) 아빠는 출근할 때 자가용을 타지 않는다고 하였으므로 버스나 지하철과 같은 '대중교통'을 이용하는 것이 알맞습니다. (2) 이 도로에서는 자전거가 지나다니는 것이 금지된 것이므로 '통행'이 알맞습니다.

4 '처벌하다'는 '법에 따라 벌을 주다.'라는 뜻이므로, 선생님께서 책을 많이 읽은 학생이 기특해서 처벌했다는 것은 알맞지 않습니다.

6 환자를 태운 구급차는 급하게 서둘러 병원으로 가야 합니다. 차들이 구급차에 길을 양보하는 것은 구급차가 빨리 갈 수 있도록 하기 위함입니다. 따라서 빈칸에는 '아주 짧은 시간이라도 아끼어 급하게 서두르다.'를 뜻하는 관용어 '분초를 다투다'가 들어가야 합니다.

8 어린이를 보호하기 위한 어린이 보호 구역에서 교통사고를 내면 엄하게 벌을 주는 것이 알맞습니다. 따라서 ㉠에는 '법에 따라 벌을 주다.'를 뜻하는 '처벌하다'가 들어가야 합니다.

✎ ① 배설물 ② 분류 ③ 소음 ④ 야간
⑤ 자율 ⑥ 피해

1 (1) 시끄러운 (2) 나누다 (3) 손해 (4) 몸

2 (1) 소음 (2) 야간 (3) 자율

3 땅을 기름지게 하려고 동물들의 배설물을 거름으로 준다. (○) 손가락에 피해가 나서 약을 바르고 반창고를 붙였어. (   ) 재활용 쓰레기를 종이와 플라스틱, 유리병으로 분류했어. (○)

4 ②   5 주간

6 (3) (○)   7 (2) (○)

8 (1) 피해 (2) 야간

2 (1) 이웃집에서 공사를 하면 '불쾌하고 시끄러운 소리.'인 '소음'이 심할 것입니다. (2) 동대문 시장은 '해가 진 뒤부터 다시 해가 뜨기 전까지의 밤 동안.'을 뜻하는 '야간'에 사람들로 붐비는 것이 알맞습니다. (3) '누가 시켜서 하는 것'과 비교하고 있으므로 '자기 스스로 원칙에 따라 행동하는 것. 스스로 자기의 행동을 통제하는 것.'을 뜻하는 '자율'이 알맞습니다.

3 약을 바르고 반창고를 붙였다고 했으므로 손가락에 난 것은 피해가 아닌 상처입니다.

6 앞에 '잠을 제대로 자지 못해'라는 내용이 있으므로 '비몽사몽'의 뜻은 '꿈을 꾸는지 잠에서 깨어 있는지 모를 만큼 정신이 어렴풋한 상태.'가 알맞습니다. (1)은 '고진감래', (2)는 '구사일생'의 뜻입니다.

7 아파트 관리 사무소에서는 반려동물과 산책할 때 지켜야 할 사항, 반려동물을 데리고 승강기를 탈 때 지켜야 할 사항, 반려동물이 짖는 소리가 소음 피해를 줄 수 있으니 주의해 달라는 당부 등을 안내 방송을 통해 말하고 있으므로 '아파트에서 반려동물을 키울 때 지켜야 할 사항'이 알맞습니다.

8 반려동물이 짖는 소리는 시끄러워서 이웃에 손해를 입힐 수 있으므로 ㉠은 '피해'가 알맞습니다. ㉡에는 작은 소리도 크게 들릴 수 있는 때에 해당하는 말이 들어가는 것이 자연스러우므로 '야간'이 알맞습니다.

나는 재미있는 이야기책 관람을 좋아해. ( )

뮤지컬 공연을 보러 온 사람들이 많아서 좌석이 꽉 찼어. (○)

친구의 방해 덕분에 그림 그리는 데에 집중할 수 있었어. ( )

1 (1) 자리 (2) 영화 (3) 밖 (4) 사람

2 ⑤ **3** 좌석

4 (1) 입장 (2) 입석 **5** (3) (○)

6 (3) (○) **7** ②, ⑤

8 해미

2 '퇴장'은 '어떤 장소에서 물러나거나 밖으로 나감.'을 뜻하므로, 선수들이 축구 경기를 하러 축구장 안으로 들어오는 상황에서는 '퇴장'이 아니라 '입장'을 사용해야 합니다.

3 '기차에서 창가 쪽 좌석', '자동차의 모든 좌석', '영화표에 적힌 좌석 번호'가 되어야 표현이 알맞으므로 빈칸에 공통으로 들어갈 낱말은 '앉을 수 있게 준비된 자리.'를 뜻하는 '좌석'입니다.

4 '퇴장'의 반대말은 '행사나 공연 등이 열리는 장소 안으로 들어감.'을 뜻하는 '입장'입니다. '좌석'의 반대말은 '극장이나 열차 등에서 지정된 좌석이 없어 서 있어야 하는 자리.'를 뜻하는 '입석'입니다.

6 마술 쇼는 인기가 많고 어린이날에만 공연을 한다고 했습니다. 또한 글쓴이의 가족은 작년엔 표를 못 구했고 올해 예매에 성공했다고 했으므로 표 구하기가 무척 어려움을 알 수 있습니다. '하늘의 별 따기'는 무엇을 얻거나 이루어 내기가 매우 어렵다는 뜻의 속담입니다. (1)은 '식은 죽 먹기', (2)는 '울며 겨자 먹기'의 뜻입니다.

7 영화관에서 영화를 재미있게 보고 있는 사람들을 가리키는 말이므로 '관객'이나 '관람객'으로 고쳐야 합니다. '승객'은 '자동차, 열차, 비행기, 배 등에 타는 손님.', '나그네'는 '자기 고장을 떠나 다른 곳에 잠시 머물거나 떠도는 사람.', '여행객'은 '여행하러 온 손님.'을 뜻하는 낱말입니다.

8 해미처럼 영화를 볼 때 옆 사람과 이야기하는 것은 다른 사람에게 피해를 주는 행동이므로 영화 관람 예절에 어긋납니다.

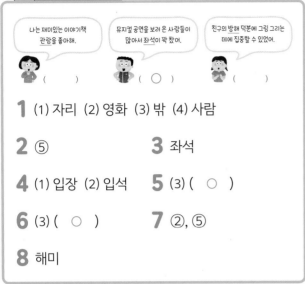

1 되는대로 **2** 공고한

3 ㉠, ㉢ **4** ㉢, ㉣

5 (2) (○) **6** (1) (○)

7 예 공중 화장실에 줄을 서 있다가 아기를 안고 있는 아주머니에게 차례를 양보했다.

8 예 숙제를 하고 있는데 동생이 심심하다고 계속 방해를 했다.

한 걸음 더! (1) 시장 (2) 운동장 (3) 정류장

1 '조심하거나 깊이 생각하지 않고 마구.'를 뜻하는 '함부로'와 뜻이 비슷한 낱말은 '아무렇게나 함부로.'를 뜻하는 '되는대로'입니다.

5 글쓴이는 동물을 해치거나 못살게 구는 사람들을 신고해도 큰 벌을 받지 않는다고 했습니다. 그리고 이어서 개와 고양이는 소중한 생명이라고 했으므로 이런 사람들을 강하게 '처벌해' 달라고 말하는 것이 알맞습니다.

7 다른 사람에게 무엇을 양보했던 경험을 떠올려 보고, '양보하다'의 뜻과 쓰임에 맞게 문장을 쓰도록 합니다.

8 누군가를 방해했거나 자신이 무슨 일을 할 때 방해를 받았던 경험을 떠올려 보고, '방해'의 뜻과 쓰임에 맞게 문장을 쓰도록 합니다.

한 걸음 더! (1) 과일, 채소, 생선을 살 수 있는 장소는 '시장'이 알맞습니다. (2) 체육 수업을 하러 가는 곳은 '운동장'이 알맞습니다. (3) 이모네 집에 가려고 버스를 기다렸다고 했으므로 '정류장'이 알맞습니다.

하루의 학습이 끝날 때마다
붙임딱지를 골라 붙여 케이크를 꾸며 보세요.